AF591629

LA DUNCIADE,

OU

L'ANGLETERRE

DEMASQUÉE.

Où l'on trouve des Anecdotes curieuſes ſur l'hiſtoire Civile & Litteraire de ce Siécle.

A LA HAYE.

M. DCC. XLIV.

LA DUNCIADE

LIVRE PREMIER.

E chante ces Muses vulgaires, dont les foibles accens ont réjoui (*a*) l'oreille des Rois. O vous grands Patriciens, illustres Milords, qui, par l'éclat de votre rang inspirez à nos Ecrivains des ouvrages si merveilleux (telles sont les faveurs que vous ont réservé les Dieux & la fortune ;) pourquoi vous obstinez-vous à soutenir dans toute sa gloire l'éternel empire de l'ignorance ?

Dans les premiers tems où Pallas n'étoit pas encore sortie de la tête de Jupiter, & que le monde en son enfance ignoroit l'art merveilleux de peindre la parole & d'enchaîner la pensée ; le Dieu du mauvais gout voyoit

(*a*) En Angleterre, il y a toujours un Poëte de la Cour qui jouit d'une pension considérable. On accorde cette place à la faveur, plutôt qu'au mérite. Setle & Theobald ont été les deux derniers ; & ce sont les deux héros de ce Poëme.

tout l'Univers ſoumis à ſa puiſſance. Fils du Cahos & de la nuit, il ne doit le jour qu'à leur aveuglement. Pacifique comme ſon pere, grave comme ſa mere, ſage, ſçavant, raiſonnable, empreſſé, laborieux, il avoit alors ſur l'eſprit de tous les hommes un empire abſolu; envain le tems, qui dévore tout, a quelquefois ébranlé les fondemens de ſa domination; le mauvais goût étant un Dieu, a été à couvert du trépas.

O toi, célébre Souift, (*a*) qui paſſes tour à tour du ſiége grave de Cevantes dans le fauteuil enjoué de Rabelais, quel triomphe pour toi d'avoir briſé ces chaînes de (*b*) cuivre que la tirannie préparoit à ta Patrie affligée! Ah que tu connois bien le cœur humain & la cour des Rois! Si le mauvais goût eſt maintenant exilé de l'Irlande autrefois notre Béotie, ne t'afflige point de voir que l'Angleterre lui tend les bras. Contemple avec joye ſa domination qui s'affermit dans cette Capitale, & le ſiécle de Satur-

(*a*) M. Souift, Irlandois de nation, & Doyen de S. Patrice de Dublin, eſt Auteur de pluſieurs ouvrages qui l'ont fait connoître dans toute l'Europe. Le Gulliver, le Drapier, le Conte du Tonneau, & pluſieurs autres ſont des ouvrages de ſa façon. La Reine Anne l'eſtimoit fort, elle ſongeoit à l'élever à l'Epiſcopat; mais l'Evêque de Londres qui n'aimoit point ce Doyen, en diſſuada la Reine en diſant, qu'avant que de le faire Evêque, il falloit le faire chrétien.

(*b*) Le gouvernement d'Angleterre penchoit il y a quelques années à introduire en Irlande un ſiſtême pareil à celui que Law fit recevoir en France. On vouloit en retirer tout l'or & l'argent, & ne laiſſer aux Irlandois que la monnoye de cuivre. M. Souift écrivit ſon Drapier à cette occaſion; le ſiſtême n'eut pas lieu, & l'Irlande crut en être redevable à ſon illuſtre Ecrivain.

ne (*a*) que le destin fait renaître en notre faveur.

Dans un lieu où les enseignes déchirées des favoris de Mercure flottent au gré des Zephirs, où des ruines suspendues, & menaçantes inspirent l'effroi de toutes parts, où enfin les vents conjurés à travers ces retraites obscures forment par leurs siflemens cette musique dereglée, qui fait les délices des sylphes & des gnomes ; est un Temple où deux sœurs inséparables, la Poesie & la Pauvreté reçoivent sur un même autel les hommages de tous les fols de l'Angleterre. Le mauvais goût pere de ces Déesses, chérit presque autant leur demeure, qu'il paroît se plaire dans l'assemblée des *Quid nunc* (*b*), ou dans le Palais de S. James qu'il habite depuis si long-tems. Sous les yeux de ces deux immortelles il prépare de ses propres mains, cet opium qu'il verse avec tant d'abondance sur les ouvrages de ce siecle. Par son ordre mille jeunes amours nés dans la Suisse ou dans la Hollande, nourrissent des choüetes & des hyboux qui voltigent sans cesse autour de leur autel : Source féconde où nos Ecrivains ne cessent de puiser l'enthousiasme pacifique dont ils sont animés. Ces Muses hebdomadaires dont l'inépuisable fécondité peut à peine rassassier l'oisiveté de nos petits Maîtres,

(*a*) Par le siécle de Saturne, M. Pope entend ici le siécle de plomb, contre l'opinion commune. Il emprunte cette expression aux Chimistes, qui l'ont reçûe des anciens Astrologues. Ceux-ci croyoient que les influences de Saturne formoient le plomb, comme les six autres Planetes forment les six autres Métaux.

(*b*) Certains Nouvellistes de Londres ont été surnommés *Quid nunc*, à cause du compliment qu'ils se font au premier abord. *Quid nunc ?*

ces Elegies languissantes qui promenent l'ennui dans tous les quartiers de la ville, ces Cantates puériles qui nous endorment le jour de Sainte (*a*) Cecile, ces mensonges funebres, ces épitaphes dont on pare nos saintes murailles, ces Odes du nouvel an, enfin cette foule d'ouvrages dont l'Angleterre est sans cesse inondée, prennent leur naissance dans le sein de ce Temple.

Le Dieu du mauvais goût a choisi l'endroit le plus retiré de ce Temple pour y faire briller son obscurité. Son trône est enveloppé de mille nuages. Il a sans cesse autour de lui quatre Déesses qui lui servent comme de satellites. L'intrépide Fermeté qui ne craint ni l'infamie, ni les siflemens; la Tempérance pacifique dont les faveurs sont le partage de la démangeaison d'écrire; la Prudence timide qui fait craindre aux Poëtes le voisinage de la Tour; enfin la Justice poëtique qui pese dans sa balance la vérité contre les Louis d'or, & les louanges contre les Fezans.

Au pied de son trône on découvre le Cahos dont les ténébres sont toujours impenetrables. C'est dans ces abîmes que les Effects dorment encore dans leurs causes, jusqu'à ce que le caprice ou la frénesie de quelque Poëte les transforme en Poeme ou en Tragedie. Sur la surface du Cahos l'on apperçoit ces Graces dont nos Auteurs parent leurs ouvrages, mais qui renfermées encore dans leur semence ressemblent à ces vapeurs qui renferment le tonnerre.

Telle est la puissance de la divinité que je

(*a*) Tous les ans le jour de Sainte Cecile on chante devant le Roi une Ode de la façon du Poëte de la Cour.

célébre ; dans ſon Temple les objets les plus merveilleux frappent ſes regards de tous côtés. Il voit mille ſottiſes naître à chaque inſtant & parler de leurs naiſſance. Des Penſées eſtropiées marcher en cadence ſur des pieds poëtiques ; le Mot le plus miſérable ſe maſquer en mille façons différentes ; & cent eſcadrons de Métaphores Burleſques faire les plus ſurprenantes évolutions.

C'eſt-là que la Comédie verſe des larmes, & que la Tragédie a toujours un viſage riant. L'Heroïque & le Bouffon ennemis par tout ailleurs ſe reconcilient enfin, & s'embraſſent dans ce Temple comme freres jumeaux. Tel eſt l'empire du mauvais goût ; le Tems ce tiran implacable de l'Univers, eſt ſoumis à ſa domination. Suivant ſes caprices, les Faſtes de l'antiquité n'ont plus d'époque certaine ; les Royaumes changent de ſituation, le continent prend la place de la mer. Quelles merveilles n'opere-t-il pas ? Il verſe des pluyes abondantes dans le ſein alteré de l'Egypte : il recueille les plus beaux fruits dans les deſerts de la Zamble, & les roſes les plus vermeilles ſur les ſables de Barca. A côté des montagnes couvertes de neige, il fait naître dans des vallées charmantes un gazon éternel. L'hyver lui-même paroît à ſes yeux couronné de fleurs : & (*a*) Cerès careſſée par les Zephirs voltige au milieu des neiges.

A travers les nuages qui l'environnent le mauvais goût dévore par ſes regards ce ſpecta-

(*a*) Ces images biſarres peignent très-bien l'ignorance des mauvais Auteurs.

cle encore plus insensé que merveilleux. Le nombre & la bisarrerie des couleurs qui se trouvent confusément rassemblées sur ses habits, attirent quelquefois son admiration ; mais il ne refuse jamais ses applaudissemens aux ouvrages qu'il produit sans cesse. Ces monstres différens reçoivent à peine le jour, qu'ils rentrent dans la nuit éternelle, & le Dieu s'admire d'autant plus qu'il se reconnoît lui-même dans ses ouvrages.

Tous les siécles ont été marqués de ses trophées. Quelle gloire pour lui quand il voyoit les Maires *(a)* de Londres triompher dans le même jour sur la terre & sur mer, comme le fit autrefois Cimon l'Athénien, accompagnés d'une foule de peuple, ils promenoient en triomphe des visages aussi larges que les bannieres qui les précedoient. A l'arrivée de la nuit ils craignoient pour l'éclat de leur Majesté, & faisoient leur retraite, & ce triomphe vivoit encore le lendemain dans les vers misérables de Setle *(b)*.

Maintenant le Dieu du mauvais goût ne jouit

(a) Les Maires de Londres font tous les ans une brillante procession, partie dans les rues de Londres, partie sur la Tamise. M. Pope les compare à Cimon ce fameux Général Athénien, qui dans le même jour triompha des Perses sur terre & sur mer.

(b) Setle vivoit pendant le régne de Charles II. Il fut choisi Poëte de la Cour. Ses ouvrages furent pendant quelque tems fort à la mode. Le partis des Toris auquel il étoit attaché, le faisoit valoir. Par cet appui sa Tragédie intitulée la Reine de Maroc eut un succès prodigieux. L'on disoit qu'il étoit le digne rival de Dryden. Ces deux Poëtes écrivirent l'un contre l'autre : & Setle fut déclaré vainqueur par le jugement de l'Université de Cambridge.

pas d'une gloire moins éclatante. Nos Gouverneurs, & nos Intendans languiſſent dans l'ignorance & l'oiſiveté. Ils s'avourent en ſonge pendant la nuit, ces Fezans qu'on leur a ſervi pendant le jour. Tandis que nos Poetes à jeun conſument leurs triſtes veilles à chercher de vaines penſées, & qu'ils ſe privent eux-mémes du ſommeil pour le procurer à leurs Lecteurs.

Depuis l'établiſſement de ſon empire qui pourroit compter ſes Trophées ? Le ſeul Dieu du mauvais goût, dont la mémoire eſt la plus vaſte qui fut jamais peut les rappeller tous. Il ſe ſouvient encore de ces Cygnes merveilleux dont les lugubres accens ont réjoui cette Capitale. Depuis les jours heureux de Henry (a) VIII. il voit le ſang immortel de ſes favoris ne s'épuiſer jamais, & chaque pere ſe retrouver avec joye dans ſon fils, à peu près comme les ours de nos forêts, qui ne ſe reconnoiſſent dans leurs petits, qu'après les avoir rendus horribles & informes. Ainſi le vieux Prinn

(a) Un ſçavant Anglois m'a découvert une Anecdote touchant le divorce de ce Prince, qui mérite de trouver place dans cet ouvrage. Depuis l'établiſſement de la Monarchie d'Angleterre, jamais Prince ne fut ſi abſolu dans Londres. Il étoit un jour dans une partie de plaiſir, avec le Cardinal de Wolſey & quelques autres Seigneurs. Henry ſe vantoit d'être tout puiſſant en Angleterre, & ſoutenoit qu'il n'y avoit rièn qui pût borner ſon pouvoir ; le Cardinal de Wolſey qui croyoit que Charles-Quint l'avoit privé de la Thiare, & qui vouloit ſe vanger de cet affront prétendu, ſoutint au Roi que ſon divorce avec Anne d'Autriche étoit au-deſſus de ſon pouvoir. La vanité de Henry ſe ſentit piquée de ce défi. Il réſolut dès-lors de ſe ſéparer d'avec la tante de Charles-Quint.

(*a*) brille dans le flasque Daniel, Eusden (*b*) redresse les vers estropiés de Blakmore, le modeste Philips (*c*) Rampe avec Taites, & le furieux Dennis rassemble dans lui seul toutes les extravagances de ses peres.

Le Dieu du mauvais goût est charmé de voir dans chacun son image si fidelement retracée; & sur tout dans le génie de Théobald (*d*) où naissent à toute heure mille extravagances &

(*a*) Guillaume Prinn, & Daniel de Foo étoient Poëtes & politiques. Le dernier a laissé un Poëme sur le Droit divin; & nous avons du premier ses Oeuvres mêlées, si estimées dans son tems, qu'il fut surnommé l'Homere de l'Angleterre. Ces deux Poëtes qui se ressembloient si fort par la médiocrité de leurs talens, eurent le même sort, ils furent l'un & l'autre condamnés au Pilory.

(*b*) Eusden fut choisi Poëte de la Cour. Il a fait un grand nombre de volumes. Le Duc de Bukingham dit en parlant de ce Poëte, que le Parnasse demandoit un jour à Phebus quel étoit son Viceroi en Angleterre; & que le Dieu répondit, qu'il n'avoit pas l'honneur de le connoître. Blakmore étoit un Poëte d'une rare fécondité. Il a fait vingt Poemes épiques.

(*c*) Philips & Tates, sont deux Auteurs sans genie & sans élevation.

M. Dennis étoit fils d'un Artisan de Londres. Il fut en liaison avec Messieurs Dryden, Congreve & Ouicherly, trois des plus beaux genies de l'Angleterre. Dennis se méloit encore de politique. Il s'avisa de présenter au gouvernement des projets qu'il disoit être admirables; il est pourtant certain que les Ministres n'en firent aucun usage. La maniere de cet Ecrivain étoit satyrique, mais sans discernement & sans délicatesse. Il fut empoisonné.

(*d*) Louis Théobald, heros de ce Poeme, étoit du Comté de Kent. Il a laissé plusieurs pieces de Théatre, & bien d'autres Poëmes. La feuille Hebdomadaire intitulée le Censeur, & la traduction d'Ovide, sont en partie de cet Ecrivain. Il avoit traduit l'Odissée, mais il n'en a donné que le premier livre. Nous avons encore de lui une édition de Shakesper.

mille chimeres. En effet dans le cerveau de ce Poëte les Dieux ne cessent decombattre avec les diables ; le Ciel, la terre & l'enfer se trouvent rassemblés dans le même champ de bataille. Non, jamais personne ne mérita si bien du mauvais goût, & ce Dieu reconnoît son zele. Il s'applaudit des hommages éternels qu'il en reçoit : & ne cesse d'admirer son Poëte : Mais souvent les délices des Dieux mêmes touchent aux revers les plus fâcheux.

Pendant que le mauvais goût accablé par la pésanteur de ses idées se reposoit dans les bras de son frere le Dieu du sommeil, Théobald languissoit dans sa caverne à l'aspect de la faim & de l'avenir. Enchassé dans un fauteuil funebre, il n'avoit d'autre escorte qu'une foule de gros volumes. Dans cette situation, il nage pour ainsi dire de pensée en pensée, & se noye dans son intelligence sans pouvoir en trouver le fond. Alors il roule ses yeux, fait des contorsions effroyables, & dans sa fureur estropie le bon sens ; Aussi la raison paroît-elle entierement mutilée dans ses ouvrages.

Revient-il de son enthousiasme, il se trouve n'avoir d'autre compagne que la mélancolie, & ne jette que des regards sinistres sur les ameublemens, dont sa caverne est parée. De gros volumes qui mille fois ont risqué d'être mis en gage, sont rangés tout au tour, & remplissent tous les vuides. La plupart brillent des ornemens extérieurs que le mauvais goût leur a prodigués, parure étrangere qui fait tout leur prix. A droite c'est le grand Ogylby (*a*) don

(*a*) Jean Ogilby, suivant Ouistantly auteur de sa vie, étoit l'un des Sçavans les plus distingués du dernier siécle ;

la nombreuse postérité remplit une tablette entiere. A gauche, c'est Miledi Newcastle (*a*) qui parée de ses armes attire tous les regards. C'est là que toute la populace des Commentateurs ont choisi leur retraite. Trop heureux d'avoir évité les flammes qu'ils avoient si bien méritées. Vatican gothique, où n'entrerent jamais les beaux esprits de Rome & d'Athenes; mais plutôt digne séjour des (*b*) Quarles, des Ouiders & de Bloomes.

Vis-à-vis l'entrée de cette caverne, on découvre cette foule de demi Sçavans, qui fu-

& le grand nombre de ses ouvrages le faisoit regarder comme un prodige. Ses traductions d'Homere & de Virgile sont recherchées des Curieux à cause de la beauté du papier & de l'impression.

(*b*) Tandis que le Duc de Newcastle faisoit un excellent livre sur le manége, la Duchesse de Newcastle son épouse enfantoit de mauvaises piéces de Théatre, & des ouvrages en tous les genres. M. Pope semble ici faire allusion à la scene qui se passa entre elle & Cromwel. L'attachement du Duc de Newcastle aux intérêts de Charles I. engagea Cromwel à confisquer les biens de ce Seigneur. La Duchesse de Newcastle se flatta d'en avoir raison. Elle se para comme une Comédienne, & se présenta devant Cromwel, tandis qu'il étoit à la tête de son Parlement; & plaida sa cause avec beaucoup d'éloquence. Cromwel lui répondit, que sa harangue étoit sans doute parfaitement belle, mais que les charmes de sa beauté l'avoient empêché de l'entendre.

(*c*) Quarles étoit dépourvû de génie, mais d'ailleurs très-honnête homme. Ouiders ne mérite point les mêmes louanges. Il censura les personnes de la premiere qualité; & les prisons de Londres furent long-tems sa demeure. Bloome n'est remarquable que par la beauté de ses relieures. Caxton étoit Libraire de la Cour pendant le régne d'Edouard IV. Richard III. & Henry VII. Ouinkin eut cet emploi sous le régne de Henry VII. & de Henry VIII. Caxton a traduit en Prose l'Eneïde de Virgile.

rent les oracles de ces ſiécles d'ignorance. Le Peſant Caxton voit dormir à ſes côtés le grave Quinkin ; l'un enchaſſé dans le cédre, & l'autre dans l'or. L'on apperçoit enſuite le corps des vieux Philoſophes (*a*) qui trafiquerent le bon ſens ſans le connoître. De Lira (*b*) n'a point encore déridé ce front qui portoit l'effroi : & le géant Philemond (*c*) fait gémir l'autel qui le ſoutient.

Au milieu d'un cercle ſi ſçavant & ſi nombreux, Théobald ne peut réſiſter aux accès de ſa mélancolie ; furieux, il ſaiſit douze de ſes volumes, douze de la plus belle taille, ſur leſquels les vendeurs de gimgembre jetterent ſou-

(*a*) En liſant la vie des Philoſophes par Standley, j'ai vû combien la vie de Pithagore que nous a laiſſé M. Rollin dans ſon Hiſtoire Ancienne eſt défectueuſe. Cette note y ſervira de ſupplément.

Pithagore étoit en Egypte lorſque Cambiſes, fils de Cyrus fit la conquête de ce Royaume. Il fut amené priſonnier à Babilone. Ezéchiel étoit alors captif dans cette ville. Le Philoſophe vécut de très-bonne amitié avec le Prophéte, & ces grandes idées de la Divinité qui brillent dans ſes écrits ſont puiſés dans cette ſource. Ce Philoſophe apprit encore des Aſtronomes Perſans le ſiſtême célébre qui fera vivre à jamais le nom de Copernik. Se voyant en liberté il vint établir a Tarente une école célébre. Il engagea ſes diſciples à ſe renfermer avec lui dans une eſpece de Monaſtere : & l'on peut regarder ce Philoſophe comme le premier fondateur de la vie Cenobiſtique en Europe. Numa Pompilius qui devint Roi de Rome étoit du nombre de ſes diſciples.

(*b*) Nicolas de Lira faiſoit le métier de Commentateur. Il s'en acquitta parfaitement bien. Ses ouvrages conſiſtent en cinq gros volumes in folio.

(*c*) Philemon Hollandois étoit Médecin. Il a traduit un ſi grand nombre d'ouvrages en Anglois, que ſes ſeules traductions formeroient une grande Bibliotheque.

vent des regards d'envie. Il en bâtit un autel au mauvais goût; & pour l'honorer dignement il y place une victime pure & sans tache. Les in-folio servent de base à cet édifice, les in-quarto, les in-octavo, placés suivant leur rang forment une piramide; & la Tragédie d'Ajax dont il est Auteur, couronne tout l'ouvrage & sert de victime. Ensuite il invoque le mauvais goût, le seul Dieu qu'il adore.

Puissant maître des hommes, s'écrie-t-il, vous ô l'unique terme de mes desirs, & le seul objet de mes vœux; je combats depuis long-tems pour soutenir l'éclat de votre ancienne gloire. Dieu puissant par qui j'ai toujours commencé, & par qui je finirai; c'est vous qui m'avez entraîné vers le Temple de la Folie, comme la Déesse de la Pésanteur attire les astres vers le terme de leur carriere. Quelle reconnoissance peut égaler vos bienfaits? La raison ne sert qu'à nous aveugler, vous nous en ravissés l'usage. Vous enveloppez notre esprit dans un voile obscur. Ne cessez jamais de verser sur l'Angleterre, ces influences dont vous inondés la Hollande & la Suisse: Climats fortunez, où la science paroît toujours les yeux baissés, & s'évanouit soudain à votre aspect.

C'est-là que des Commentateurs formés de votre main, s'efforcent sans cesse avec un succès merveilleux de rompre les charmes d'Horace, & de masquer les graces de Virgile. Pour moi, ce qui ne rehausse pas moins l'éclat de votre gloire, je fais des observations sur les Ecrits des Modernes. Déterrer les moindres défauts dans le sépulchre des Auteurs ; paraphraser leurs bevûes ; distiller leurs sottises ; mettre à la torture Shakesper une fois la semaine : Tel est mon glorieux emploi. Dieu puissant, si je m'aveugle moi-même, si je me nourris d'extravagances & de puerilités, si mon attelier est devenu comme la manufacture de harangues précieuses pour nos Magistrats & nos Evêques, si les notes & les Préfaces qui décorent toutes les rapsodies sont de ma façon, si j'éclaircis enfin les doutes jusqu'à les rendre impénétrables ; ne l'attribués qu'à mon zele pour votre gloire. J'enveloppe, j'accumule, j'entasse pensée sur pensée ; semblable au ver à soye qui s'ensevelit lui-même dans son propre ouvrage : mais j'ai plus fait encore, cette foule de Romans dont j'ai régalé nos petits maîtres ne sont-ils pas de parfaits modeles de mauvais goût ? Les préceptes peuvent être sans fruit, mais l'exemple a toujours son effet. J'avoue cependant que les beautés de mes ouvrages vous appartiennent, comme la mort guidée par le salpetre sort du fusil sans être apperçuë, ou comme les poids suspendus au-dessous de l'horloge sont l'ame insensible de son mouvement : vous avez de même conduit & rallumé mes transports ; votre seule puissance ma toujours inspiré. Maintenant quelle est la récompense de ma soumission à vos loix ?

Si le destin avoit ordonné que mes ouvrages fussent immortels, la ruine de votre puissance ne seroit point l'objet de mes craintes. Mais voyés le grand Setle lui-même, le soutien de votre empire, languir dans le mépris &

dans l'oubli : la vieilleſſe de ce Prince de nos Poetes eſt le jouet de vos ennemis ; le trône de votre gloire eſt renverſé .... Helas ! ſi vos autels pouvoient échapper à leur ruine par la valeur de quelque heros, vous ne devriez leur ſalut qu'à mes efforts. Mais que puis-je ? Maintenant que mes ouvrages & mon cher Horace lui-même languiſſent dans l'oubli. Irai-je implorer la chicanne, cette ſeule Déeſſe qui me fut autrefois favorable ; ou partageant la gloire des (*a*) Oyes Romaines, Irai-je par mes cris ruiner le parti contraire à nos Rois ? .... Oui, je ne balance plus ; c'eſt à toi ma chere Patrie que je conſacre déſormais toutes mes veilles. Dès ce moment je me pare de ta livrée, ô puiſſant (*b*) Miſt, & je me déclare ton rival ô Curtius. Embraſé de l'amour du bien public, je me jette tête baiſſée dans l'abîme de nos diviſions domeſtiques. Pour vous mon illuſtre, ma nombreuſe famille, je vous dis un éternel adieu. Ne vaut-il pas mieux mourir, que de vivre ſans gloire ? Ne vaut-il pas mieux monter ſans tache dans le glorieux ſéjour du feu, que d'être embarqué pour le pays des ſinges, que d'envelopper le gingembre dans nos rues, & que d'aller enfin être foulé dans les tavernes où vous avez pris naiſſance ?

(*a*) Il eſt rapporté dans l'Hiſtoire Romaine, que les Gaulois étoient ſur le point de s'emparer du Capitole, & que des Oyes le ſauverent en donnant l'allarme.

(*b*) Les Toris & les Ouigs ſont deux partis qui ſe ſoutiennent en Angleterre depuis Cromwel. Les Toris ſont attachés à la maiſon de Stuard, & les Ouigs à la maiſon régnante. Miſt étoit l'Ecrivain des Toris, & Curtius l'Ecrivain des Ouigs.

A ces mots furieux, il prend trois fois une torche embrasée, & trois fois elle tombe de ses mains; enfin détournant ses regards il allume la pyramide. Des tourbillons de fumée, enveloppent d'abord cette victime; les nuages qui s'entrouvrent laissent voir tour à tour chacun de ses ouvrages. Memnon (a) qui étoit le plus aride & le plus sec, est embrasé le premier. Le feu ne tarde point à saisir le vieux Rodrigue. Un seul trait de flamme consume la maigre Proserpine. Le froid Eschyle est le dernier à prendre feu. A la vue d'un spectacle si tragique, Théobald verse autant de larmes que les Troyens en verserent quand la derniere étincelle acheva d'enlever Pergame dans les airs.

Eveillé par le bruit de cet embrasement, le mauvais goût leve sa tête appesantie; le Poeme de Thulé partageoit alors sa couche nuptiale; il le saisit; lui donne un baiser amoureux, en arrache une feuille, vole vers l'antre de Théobald; & jette cette feuille dans les flammes. Soudain la glace de ces vers rallentit la fureur de cette incendie, & bientôt la flamme expire avec un sifflement.

Cependant le mauvais goût, cette lourde divinité remplit la caverne de Théobald. Les nuages qui voilent sa tête font paroître son visage d'une largeur énorme. Il étoit paré de ces

(a) Memnon est le heros d'une Tragédie intitulée la Princesse Persanne, ouvrage de Théobald. Rodrigue est le heros de la Comédie intitulée le frere Perfide, qui appartient au même Auteur. L'enlevement de Proserpine est encore un de ses ouvrages; aussi bien que la traduction Angloise d'Eschyle. Pour le Poëme de Thulé, il appartient à M. Philips Ecossois.

charmes qu'il répand ſur la face de nos Milords, quand il ſe mire & qu'il ſe peint dans leur phyſionomie. La mort de Setle, que la renommée publie de toutes parts, effraye d'abord le mauvais goût; mais la préſence de Théobald diſſipe bientôt ſes allarmes. Il prétend faire paſſer le diadême de Setle ſur ſa tête, & le faire reconnoître Roi dans ſon empire. Soudain il l'enleve dans ſon Temple. Théobald y fait ſon entrée avec les tranſports de la joye la plus tendre. C'eſt ainſi que notre ame dégagée des liens qui l'enchaînent ici bas, s'envole vers l'olimpe, & reconnoît enfin ſa demeure naturelle. Notre Poete contemple avec étonnement les beautés de ce palais, & dans l'enthouſiaſme poëtique dont il eſt enyvré, il décrit ce temple avec les applaudiſſemens même du mauvais goût.

Ce Dieu ne tarde point d'introduire dans ſon ſanctuaire ſon nouveau bienheureux. C'eſt là qu'il lui découvre tous ſes miſteres les plus ſacrés, qu'il lui fait voir de la Proſe en Vers, & des Vers en Proſe. Les penſées, lui dit-il, doivent être jettées au hazard, & l'imagination doit toujours être en guerre avec le bon ſens. Les Prologues & les Préfaces doivent être d'un étendue & d'une péſanteur énorme. Il ſuffit d'obſcurcir un Livre par des notes & des remarques, pour acquerir le titre d'homme de Lettres. Enfin avec moins de lecture qu'il n'en faut pour faire un ſot d'un eſprit médiocre; avec moins de jugement que les Dieux n'en donnent aux ſinges, ſans rien emprunter ni de Rome, ni de la Grece, avec le ſeul ſecours de la France & de l'Angleterre, on peut mettre en pieces, (*a*) Plaute, Fletcher, Congreve, & Corneille, faire un habit neuf, d'un habit retourné, d'une piece antique en faire une piece nouvelle, & par ce secret devenir un (*b*) Cibber, un Johnston, un Osell.

A ces mots le Dieu répand sur la tête de Théobald les flots de son opium sacré. La stupidité sœur du mauvais goût, attache ensuite le diadême de plomb sur la tête du nouveau Roi. Courage, mon fils, courage, dit alors le Dieu. Ma Jerusalem, la fameuse Londres soupire sans cesse après ton regne. Tu seras son Sauveur. Quelle gloire pour toi! Jette les yeux sur Setle ce Prince de la Poësie. Comus & le Dieu du Panégyrique ont sans cesse semé des fleurs sur le passage de sa vie. Maintenant oublié de toute la terre, son ombre repose en paix, & dans ce séjour, dont l'air ne fut jamais empoisonné par le soufle de la critique, il goute mille charmes à la compagnie de (*c*) Gildon, de Banks & de Milord Houard. Oui tels sont

(*a*) Plaute a fait des Comédies Latines. Fletcher & Congreve ont donné l'un & l'autre des Comédies que les Anglois disent être excellentes. Ils les regardent comme les Molieres de l'Angleterre. Tout le monde connoît le grand Corneille.

(*b*) Colli Cibber est Acteur & Comédien. Johnston a fait plusieurs pieces de Théatre. Il a traduit en Anglois Iphigenie & Bajazet de Racine. Osell a traduit aussi en Anglois plusieurs Tragédies Françoises.

(*c*) Gildon a publié des ouvrages infames contre la Divinité, & contre des personnes distinguées. Il a publié encore l'art de la Poësie Angloise. Banks est Auteur des Tragédies du Comte d'Essex & d'Anne de Bolein. Houard a fait un livre intitulé les Princes Bretons. Les Comtes de Dorset & de Rochester ont souvent parlé de cet Ecrivain.

les arrêts du Destin. Sous ton regne, mes Elûs, mes disciples bien aimés inventeront un langage herissé de pointes & de métaphores. Les plus fameux Théatres de l'Europe reconnoîtront mon empire. (*a*) Albion & sa fille Hybernie, chargeront mes autels de leurs offrandes. Le nombre de mes dévôts va se multiplier à l'infini..... Je vois, je vois.... à ces mots le livre de l'avenir se referme tout à coup, & le Dieu cesse de prophétiser. Tous les habitans du Temple s'écrient alors vive le Roi Théobald : & les murs répetent sans cesse leurs acclamations. Comme autrefois, s'il faut en croire le bon homme Esope, quand Jupiter jetta du haut du Ciel sa tête à perruque pour gouverner les grenouilles; le bruit de sa chute rendit d'abord muette toute la nation enrouée; mais bientôt elles s'écrierent toutes en Allemand leur langage naturel, vive le Roi de Bois, vive le Roi de Bois.

(*a*) Albion est un des premiers Rois d'Angleterre, & l'on donne souvent ce nom à ce Royaume; & par l'Hybernie on entend l'Irlande.

LIVRE SECOND.

THEOBALD étoit assis sur un trône aussi brillant que la chaire d'Henley ou de Fleknos : & le peuple de ses confreres jettoit à ses pieds autant de fleurs, que les Anglois lancerent d'outrages sur le sage Curl quand il étoit au Pillory. Cependant tout ce Parnasse envioit le sort de Théobald ; & la jalousie qui se trahit toujours elle-même perçoit à travers leurs applaudissemens : mais chacun n'en jouoit pas moins bien son rôle. Tous les regards se réunissoient sur le nouveau Roi : & la foule qui l'environnoit poussoit sans cesse de nouvelles acclamations. La joye ne fut peut-être pas si générale parmi les Cardinaux quand Leon X. couronna publiquement le Poëte (*a*) Quesno. Ce Pontif le fit asseoir sur un trône qui représentoit sept montagnes ; & l'appella l'ante-christ du beau génie.

Pour relever l'éclat d'un jour si solemnel, le

(*a*) Camille Quesno étoit Napolitain. Instruit que le Pape Leon X. aimoit fort les Poëtes, il fit un voyage à Rome. La harpe à la main il se mit à chanter dans les rues son Poëme d'Alexias qui renfermoit vingt mille vers. Le Saint Pere entendit parler de Quesno : il désira le voir. La folie de ce Poëte plût à sa Sainteté : les honneurs du triomphe lui furent accordés ; & cette fête fut célébrée avec beaucoup de magnificence.

mauvais goût fait publier par ses Heraults des jeux aussi célébres que les jeux olympiques. Il fait sommer tous ses disciples ; on accourt de toutes parts : & la ville de Londres est déserte pendant ces momens. Assemblage des plus bisarres ; il se trouve là des gens de toute sorte. Des perruques longues & flottantes, des perruques arrondies, des épées, des rabats, des Chevaliers du (*a*) Bain, des Chevaliers de la Jarretiere, à pied, à cheval, en chaise, en carrosse ; enfin tous les fols de l'Angleterre, & tous les Milords qui sont leurs Mécenes. Ce Dieu choisit pour la cérémonie de ces (*b*) jeux la place où la pieté de la Reine Anne a fait bâtir un Temple aux Saints de ce quartier qui domine sur le Strand.

Poëtes, Auteurs, Libraires, tous les devôts du mauvais goût étoient enfin rassemblés. La gloire est sans doute pour eux un puissant éguillon ; mais que ne peut la gloire, quand elle est jointe aux récompenses ? Le mauvais goût qui ne rit jamais, ou qui rit toujours, étoit alors de

(*a*) L'Ordre du Bain est ainsi appellé, parce que les Chevaliers de cet Ordre prennent le Bain la veille de leur réception. Ils portent le Cordon rouge.

L'Ordre de la Jarretiere qui est le plus distingué de la Grande Bretagne fut établi par Edouard IV. Tandis qu'il dansoit avec sa maîtresse, elle laissa tomber une de ses Jarretieres. Edouard s'empressa de la relever ; & voulut l'attacher de sa propre main. Cette liberté fit rire les Courtisans. *Honni soit qui mal y pense*, leur dit-il alors ; cette jarretiere fera bientôt l'objet de votre ambition. En effet il ne tarda point à faire cet établissement.

(*b*) M. Pope appelle Saints par dérision les habitans du quartier de Drurylain, que l'on avoit surnommé le quartier du diable, parce qu'il n'y avoit point d'Eglise.

la plus belle humeur du monde. Les Libraires par son ordre combattent les premiers ; c'est à celui qui devancera tous les autres à la course, que le prix est destiné. Le Dieu pour les encourager davantage place au bout de la carriere, l'image d'un Poëte. Ce n'est point un de ces versificateurs pâles & défaits, consumé par ses veilles, & noirci par ses jeûnes. C'est un de ces Poëtes engraissé de la substance de nos Milords, sans graces, sans vivacité, sans manieres ; mais d'un embonpoint, d'un coloris charmant : Douze Poëtes de ces derniers tems, suffiroient à peine pour bâtir un colosse si monstrueux. Le Dieu fit deux fenestres à la tête de ce phantôme, remplit de vent son cerveau, & lui donna un cœur de plomb. Il cloue à sa tête deux longues oreilles, & depuis l'une jusqu'à l'autre, ouvre une porte horisontale pour donner une issue à ses pensées. Le Dieu surpris de son ouvrage l'admire, & lui donne un tendre baiser. Le Poëte veut exprimer sa reconnoissance, mais envain ; il ne sort de sa bouche que des sons & des paroles vuides de sens. Non, jamais on ne vit un sot qui fut une copie plus parfaite d'un bel esprit : il lui ressembloit si fort que nos Sçavans s'écrioient ; c'est l'esprit, c'est lui-même en personne : & ce phantôme fut appellé Thomas (*a*) Morus. Un habit à l'antique galonné d'or, & des manuscrits poëtiques attachés à sa ceinture rendoient le Poëte encore plus estimable. Tous les combattans attendoient le signal avec impatience. Les uns ambition-

(*a*) More Smith est ici désigné. Il est Auteur d'une feuille hebdomadaire intitulée ; relation historicophisique de la mer du Sud.

nent le Poëte, les autres l'habit & les ouvrages : & tous ont une égale ardeur pour la gloire. Le fameux Lintot (*a*) se leve alors. Le prix m'appartient s'écrie - t - il, me le disputer c'est être mon ennemi. Après un tel défi quelqu'un osera-t-il combattre contre Lintot? La crainte tient d'abord tout le monde en silence. Bientôt l'intrépide (*b*) Curl, ce Héros qui ne connut jamais les allarmes se leve de son côté. Tu vois dans moi ton rival, dit-il ; ce n'est point par les paroles, mais par les exploits que l'on remporte le prix. Malheur à celui qui ne sera point victorieux. Il dit & prend sa course : plus léger qu'un Poëte poursuivi par ses créanciers, ou qu'une femme poursuivie par son époux, il laisse Lintot bien loin derriere lui. A peu près comme une canne qui s'est jettée dans quelque bourbier, par le secours tantôt de ses pieds, tantôt de ses aîles, vole, rampe, ou se traîne ; de même Bernard se faisant une rame de ses épaules, de ses mains, & de sa tête, & se faisant une voile de son large visage, vogue avec rapidité. Mais oh ! caprices du Destin, la charmante Corinne (*c*), cette beauté si com-

(*a*) Lintot est Libraire à Londres, il s'est distingué par son goût pour les Livres les plus satyriques, & les plus obscénes. Il a été souvent mis à l'amende & au Pillory.

(*b*) Curl est Imprimeur & Libraire, il s'est avisé quelquefois d'être Auteur. La satyre & l'obscenité ont toujours fait ses delices.

(*c*) Corinne est le surnom que l'on avoit donné à Mademoiselle Bain, célébre dans Londres par ses débauchés, & la liberté de ses ouvrages. La chûte de Curl & toute cette allegorie désigne l'obscenité de cet Imprimeur, & les châtimens qu'il essuya pour avoir imprimé un ouvrage scandaleux de Mademoiselle Bain.

plaisante & si familiere, avoit par malheur laissé dans la carriere un groupe de ces parfums dont les abeilles ne composerent jamais leur miel. L'infortuné Curl porte son pied sur cette ambroisie : soudain il glisse, il chancelle, il tombe, il frappe la terre avec tant de force qu'il ne peut plus se relever. Tous les spectateurs s'écrient Bernard, Bernard, & le Strand répéte mille fois ce nom célébre. Abbatu sur l'arene, & le visage couvert de ces parfums dorés, pour la premiere fois de sa vie, il adresse des vœux au Ciel, & si la vérité coule de la plume des Poëtes, voici quelle fut sa priere. Puissant Jupiter, vous que j'ai toujours regardé comme le maître des Dieux, & dont je prêche envain le culte à tous les Poëtes ; décidés maintenant lequel de nous deux vous adore avec plus de vérité. Détournerez-vous de la Bible vos regards favorables pour les fixer sur les armes du Pape ?

Il est un endroit dans les airs, suspendu entre le Ciel & la terre ; c'est-là qu'est la garde-robe du grand Jupiter. Le maître du tonnere s'y rend tous les jours pour se délivrer de son ambroisie. Le trône de ses besoins a deux ouvertures fort larges. Il s'asseoit sur l'une, & fixe (*a*) son oreille sur l'autre. C'est ainsi qu'il écoute les prieres extravagantes des imbecilles humains. L'un demande le vent d'Orient, & l'autre le vent d'Ouest. Celui-ci demande la pluye, & celui-là le beau tems. Ces vaines

(*a*) Cet endroit est peut être ce que Bain a pensé de plu ingenieux ; M. Pope l'applique ici fort heureusement. La Bible & les armes du Pape, sont les enseignes de Curl & de Lintot.

Requêtes montent en foule à travers les airs. Le Dieu du tonnerre échauffé par le nectar, lit avec plaisir les folies des mortels les plus sages ; & se jouant de leur foiblesse, il écrit sa réponse sur chaque Requête, avec de lichor cette liqueur merveilleuse que le bon Homere nous assure couler dans les veines des Dieux. La belle Cloacine (*a*) porte-cotton du fils de Saturne se tient derriere son trône, & lui consacre ses mains aussi blanches que l'ivoire. Curl fréquentoit depuis long-tems les autels de Cloacine. Cette Déesse reconnoît son dévôt : & par une faveur singuliere, elle présente elle-même sa Requête au grand Jupiter. Les Portes-cottons n'éprouverent jamais de refus. Un doux sourire annonce à Cloacine qu'elle est exaucée. Soudain elle saisit le vase odoriferant : & verse sur la tête de Curl, les flots de la divine ambroisie. Ce beaume sympathique réveille ses forces & son courage. Il se leve, s'élance, rejoint son rival, le devance, & remporte le prix.

Encouragé par sa victoire il porte ses mains avides sur le Poëte qui servoit de but, & qui devoit être sa récompense. Mais image vaine & trompeuse ! Le Poëte échappe de ses mains, & disparoît à ses yeux, comme ces figures qui se forment dans les nuages, ou ces songes enfans du sommeil qui se perdent dans les ombres de la nuit. Perte bien légere pour vous illustre Curl, si les manuscrits pendus à sa ceinture n'ont pas le même sort. Mais helas ils sont dispersés dans les airs, chansons, sonnets, épi-

(*a*) Cloacine étoit chez les Romains la Déesse de l'obscenité.

grammes, tout devient le jouet des vents.... Le seul habit reste dans vos mains ; & pour comble d'infortunes, le Tailleur (*a*) qui n'en avoit point été payé vous l'enleve tout à coup.

Cependant tandis que Jupiter assis gravement sur le trône de sa foiblesse donnoit audience au genre humain, tous les Dieux livrant cet univers aux caprices du hasard, formoient un cercle dans les Cieux ; & fixoient tous leurs regards sur le spectacle du Strand, & contemploient avec joye cette fête bisarre.

Le Dieu du mauvais goût fait rentrer plusieurs fois ses favoris dans la carriere. Il forme trois Poëtes de Grabstrib (*b*) ; Breval, Besaleel, & Band. Il leur prête la physionomie de Congreve, d'Addisson (*c*) & de Prior. Mears,

(*a*) Les Tailleurs de Londres sçachant que M. Pope faisoit un ouvrage contre plusieurs gens de Lettres, lui députerent un de leurs confreres, pour le prier d'attaquer la négligence des Poëtes à satisfaire leurs créanciers.

(*b*) Grabstrib est à Londres par rapport aux Poëtes ce qu'est ici le Pont-Neuf.

Breval, est le principal Auteur d'un libelle intitulé les Confederés. Etant gouverneur du Duc d'Argile il voyagea en Italie : & c'est-là que Breval & son éleve se firent connoître. Ils entendirent parler à Génes de la beauté d'une Religieuse, ils trouverent le moyen de la voir, & par leurs promesses l'engagerent à se laisser enlever. Ils la conduisirent à Londres, mais s'en étant dégoutés ils l'abandonnerent entierement. Cette Dame se vit réduite à la plus affreuse misere. La Duchesse de Bukingham instruite de ses avantures, a donné mille écus pour la faire entrer dans un Couvent à S. Omer. Besaleel & Band sont deux Poëtes de la derniere classe.

(*c*) Addisson est le premier Auteur Anglois dont le stile soit entierement exact. La meilleure partie du spectateur, le voyage d'Italie, un traité sur les Médailles, un Poëme sur les victoires de Malboroug, & la Tragédie de Caton,

Ouarner, Ouilkin remportent successivement le prix; mais ces Phantômes poëtiques s'échappent & disparoissent sans cesse. Curl vainqueur encore une fois, tient déja l'Esope de l'Angleterre, le Poëte Gay : mais il ne tient qu'une ombre vaine. Semblable à Protée qui prend mille formes différentes, Gay devient tantôt un singe badin, & tantôt un dogue terrible. Curl ne pouvoit se consoler de cette perte : mon fils, dit alors le Dieu, ne vous affligez point. Profitez de cette illusion, pour tromper toute cette ville; comme ces femmes habiles qui trafiquent la beauté des jeunes Nayades de la Tamise, en persuadant aux François, que leurs Nimphes les plus vulgaires sont des femmes du premier rang. Ces bons François de retour à Paris se plaignent du danger que l'on court avec nos Duchesses & nos Miledis. Par une séduction pareille vendés les ouvrages de Cook (*a*) sous le nom de Prior, & les ouvra-

voila quels sont ses ouvrages. La Reine Anne voulut apprendre à toute l'Europe comment il falloit récompenser un grand mérite. Malgré la naissance de M. Addisson, elle l'éleva au ministere de la guerre.

(*a*) Cook est Auteur d'un Poëme intitulé la bataille des Poëtes. Il l'a fait imprimer sous le nom de Prior.

Prior commença par être garçon dans un cabaret de Londres. Le Comte de Dorset & le Duc de Bukingham y dinoient un jour ensemble. Ils ne pouvoient s'accorder sur un passage de Shakesper. Le Comte de Dorset pour plaisanter, s'avisa de consulter le jeune Prior. Le garçon cabaretier démêla si bien le sens de ce passage, que le Comte de Dorset résolut de le faire étudier à ses dépens. Le goût de Prior se tourna du côté de la Poësie, & les ouvrages qu'il nous a laissés en deux volumes, sont très-délicats & fort galants. La Reine Anne l'envoya en France en 1707, pour traiter secretement de la paix. Il étoit

ges de Concanen (*a*) ſous le nom de Souift. Par ce moyen mes plus fiers ennemis porteront ma livrée, & nous aurons notre Garth & notre Addiſſon. A ces mots le Dieu touché des plaintes de Curl, lui fait préſent d'une tenture de tapiſſerie digne de parer la caverne du vieux Codrus (*b*), ou le galetas du moderne Dunton, Ouvrage merveilleux où le Dieu du mauvais goût a fait repréſenter les exploits de ſes plus fameux Heros. Parmi les plus diſtingués on remarque de Foo (*c*), il cherche envain ſes oreilles qu'il a perdues au Pillory. Au-deſſous de lui mille coups d'étrivieres arrachent à Tutchin dés cris lamentables. L'on y voit Ridpath &

Plénipotentiaire : voici l'épitaphe que l'on a miſe ſur ſon tombeau. Cy git M. Prior, qui ſans être ni Comte ni Marquis faiſoit remonter ſon origine auſſi haut que les Bourbons & les Naſſaus. Il deſcendoit d'Adam & d'Eve.

(*a*) Concanen Irlandois a donné quelques ouvrages ſous le nom de Souift. Garth eſt un Médecin de Londres. Il a fait un Poëme intitulé le Diſpenſateur. Les Anglois regardent cet ouvrage comme un chef-d'œuvre.

(*b*) Codrus eſt un Poëte Latin, dont Juvenal ſe mocque dans la premiere de ſes ſatyres. Il étoit Auteur d'un Poëme intitulé Theſé.

Dunton, Poëte Anglois eſt Auteur d'un libelle intitulé tout ou rien. C'eſt une ſatyre violente contre les Miniſtres d'Etat. Il a fait une autre ſatyre intitulée le danger de mourir ſans regret. Elle regarde le Duc de Devonshire, & l'Evêque de Peterboroug.

(*c*) Daniel de Foo a fait des ſatyres. Il fut condamné à perdre les oreilles au Pillory.

Tutchin eſt le miſérable Auteur d'une feuille hebdomadaire, intitulée Obſervations ſur les écrits des Modernes. Il a ſouvent été aux priſes avec les Magiſtrats.

Ridpath & Roper ſont les Auteurs de la Poſte volante, & du Poſtillon, deux libelles diffamatoires.

Curl fut berné par des jeunes Seigneurs dans la Grand'-Salle de Weſtminſter.

Roper étendus sous les coups que leur mérita le fiel empoisonné de leurs écrits. La laine imite si bien la couleur des blessures, que l'on s'imagine entendre le bruit des coups dont ces deux Poëtes sont accablés. Curl se reconnoît lui-même parmi ces Heros. Les bras étendus, la gueule beante, entre le Ciel & la terre, il conjure de jeunes Milords qui le ballotent dans les airs. A cette vue transporté de joye, il s'écrie, quelle rue, quel carrefour de Londres ignore maintenant mes célébres exploits ? Désormais toutes les jeunes beautés me prendront pour le heros de leurs broderies, & mon histoire fera bientôt oublier les exploits du Heros de Cervantes.

Le mauvais goût pour rallumer le courage des combattans, leur propose la fameuse Elise (*a*). Deux amours en rabat folatroient autour de sa ceinture. Telle qu'on la représente à la tête de ses ouvrages, elle avoit ces graces négligées dont elle est redevable au graveur Kirkhal. Celui dit alors le mauvais goût, celui qui fera jaillir plus haut ces pompes dans les airs, je lui destine pour récompense cette beauté comparable à la Junon d'Homere par sa gorge & par ses yeux. Tel est le prix du vainqueur. Celui qui sera vaincu, jouira même de quelque gloire. Ce vase de porcelaine le consolera de

(*a*) Elise Haivoud est la Deshoulieres de l'Angleterre; l'Evêque de Londres & le Doyen de Westminster étoient ses courtisans assidus. Elise ne laissoit pas d'être attachée à Curl & à Chetoud fameux Libraires, & ses ouvrages étoient également enviés de l'un & de l'autre. Elise aimoit le plaisir, elle promit ses ouvrages à celui qui la satisferoit le mieux, Curl remporta le prix.

ſa défaite. Chetoud & Curl acceptent ce glorieux défi. De tels Heros ne peuvent courir la même carriere ſans faire craindre pour leur honneur ; mais le courage donne des forces à l'un, & les forces donnent du courage à l'autre. Chetoud ſaiſit le premier ſa pompe magique. L'eau s'échappe avec violence, mais au lieu de s'élever dans les airs, elle ſe recourbe, ſemblable à ces arcs merveilleux que le fils de Saturne a placés dans les nues pour être le plaiſir des jeux. Chetoud redouble ſes efforts : mais ô nouvelle diſgrace ! l'eau ſe baiſſe encore, & vient frapper ſon viſage : ainſi les nayades de nos jardins impatientes de revoir le jour donnent un humide baiſer aux yeux de celui qui les met en liberté. L'audace de Curl triomphoit avec bien plus de gloire. Le courant impétueux qu'il lance dans les airs s'éleve juſques aux nues, & forme en retombant une couronne fumante autour de ſa tête. A cette vue, ô fameux Heros, quels regards de mépris ne jettois-tu pas ſur ton rival. L'Eridan (*a*) fameux comme toi par ſon dérangement & par ſon front, ne mépriſe pas davantage le fleuve qui ſous ſon nom arroſe l'Italie. Il verſe les eaux de ſon urne ſublime à travers la moitié des Cieux, & ces eaux malgré leur rapidité embraſent tout dans leur paſſage.

Tel étoit le triomphe de notre Heros. Tous les regards étoient fixés ſur ces nayades lége-

(*a*) Les Poëtes ont feint que l'Eridan ou le Pô étoit une divinité céleſte ; & que les eaux qu'il verſoit dans les Cieux, formoient ces nuages enflammés qui paroiſſent le matin du côté de l'Orient, & le ſoir du côté de l'Occident.

ces qui s'échappant avec violence des embrassemens de la pésanteur, s'élevoient jusqu'au palais des sylphes & des gnomes. Dans ce siécle l'impudence obtient par tout le prix; ainsi la couronne ne pouvoit t'échapper ô fortuné Curl! La charmante Elise te fut livrée avec tous ses attraits, & Chetoud oublia sa disgrace, en recevant le vase de porcelaine.

Le Dieu du mauvais goût reservoit à l'ambition des Auteurs, des récompenses bien plus séduisantes. Il ne s'agissoit pas moins pour eux que de la faveur du plus riche de nos (*a*) Milords. Son Excellence, premier Ministre du mauvais goût, fait son entrée dans le Cirque. Six coureurs précedent son char, en criant, faites place à MONSEIGNEUR. Il met pied à terre, il se prosterne devant le mauvais goût; il se leve; il grimace, il fait l'important, il ne regarde personne, & tourne le dos à tous ceux qui lui parlent. Le Dieu propose ainsi les faveurs de ce Milord. Celui, dit-il, qui sçaura mieux flatter sa passion favorite, aura part à ses bienfaits. Le Milord s'asseoit à la droite du Dieu, il fait sonner les guinées qu'il tient en sa main. Les charmes de cette musique jettent les Auteurs dans l'enthousiasme, soudain ils font éclore mille dédicaces. L'un couronne de fleurs la tête du Milord., l'autre fait de son cerveau le sanctuaire de la raison. Tout cela l'endort. Quelqu'autre plus adroit lui donne de l'encensoir au travers du visage; il s'éveille, Rolly (*b*) saisit

(*a*) Ce riche Milord est le Comte d'Oxford, ci-devant premier Ministre. La plus grande partie des ouvrages Anglois de ce siecle sont dediés à ce Seigneur.

(*b*) Rolly Italien d'origine est directeur de l'Opéra de

cet instant pour donner au Milord un échantillon de son harmonie ; Monseigneur lui trouve un goût délicat, & le nomme en sommeillant directeur de nos Opéras. Envain Weisted (*a*) cet Orateur échauffé par le Dieu du Panegyrique, enyvre Monseigneur du nectar le plus grossier de la flatterie : envain Oldmixton fait mille efforts pour lui faire gouter son beaume poëtique. Infortunez Panegyristes ! Plus vous flattez la fatuité de ce Milord, plus il serre ses guinées.

Tandis que mille Auteurs l'encensent vainement, & versent dans son cœur le nectar empoisonné des louanges (*b*) ; un jeune homme qui ne sçavoit point invoquer Appollon, reclamoit le secours de Mercure & de Venus : (est-il de miracle que la priere ne puisse operer) ? La fille de la mer envoye l'une de ses favorites, & la sœur même de celui qui l'invoque. Cette Déesse apprit autrefois au ravisseur d'Helene l'art de blesser l'invulnerable Achille ; de concert avec Mercure elle instruit aujourd'hui ce jeune ambitieux : assuré de pénétrer dans le cœur du Milord, il lui présente sa sœur : cette démarche lui vaut la place de Secretaire.

Maintenant s'écria le Dieu, voici de nouveaux

Londres. Il a traduit en sa langue le Paradis perdu de Milton.

(*a*) Welsted est Auteur du Triumvirat.

Oldmixton a donné une histoire critique d'Angleterre, un essai sur la critique en Prose, avec un traité sur la Logique & sur l'éloquence.

(*b*) Ce jeune homme, c'est M. Kneit, dont les avantures sont assez connues dans Paris. Le Comte d'Oxford le fit nommer caissier de la Compagnie du Sud, parce que Mademoiselle Kneit étoit parfaitement belle.

exercices. Apprenez mes enfans quels sont les effets merveilleux de l'harmonie. Que d'autres cherchent à mouvoir, à toucher, à ravir tous les cœurs avec le naturel de Shakespear (a) & l'art de Benjohnson : pour vous n'ambitionnez jamais que de sçavoir inspirer l'effroi par le bruit du tonnerre, l'attention par le son aigu des trompettes, & la pitié par le son funebre des cloches. Telle est l'harmonie qui doit régner dans vos vers. C'est le seul moyen de plaire à mes favoris : & c'est ce qu'ils appellent le brillant & l'énergie des ouvrages. Commençons, ajouta le Dieu, celui dont la voix dominera sur celle des autres, & se soutiendra le plus long-tems ; ces trois siflets d'or seront sa récompense. Soudain mille voix percent les airs, & la discorde regle cette harmonie. L'on heurle, l'on mugit, l'on hennit, l'on croasse. Jamais il ne se fit de pareil sabat. Plusieurs divinités y joignent leurs voix ; & dans cette confusion il se forme quelques accords. La Dissonance est à l'Unisson avec Dennis, la Discorde avec Breval, & la Rudesse avec Norton. Arrêtés, s'écria le Dieu, chacun mérite le prix ; mais afin de reconnoître un vainqueur redoublés vos efforts.

Comme une mere aux longues oreilles que l'on conduit dès le matin au palais de George

(a) Shakesper est le Corneille de l'Angleterre. Il ne sçavoit ni le Grec ni le Latin. Son seul génie lui enseigna les regles du Théatre. Les Comédiens de Londres lui ont dressé un magnifique mausolée avec cette épitaphe. *Populi plausus posuere.*

Benjohnson Poëte Anglois a donné des pièces de Théatre, dont M. de S. Evremont parle avec beaucoup d'éloge.

le

le (*a*) Financier, séparée de son fils chéri, fait retentir de ses plaintes cet asyle des craintes & des inquiétudes. Le Financier qui comptoit ses millions en songe, s'éveille en sursaut: & pensant qu'il va donner quatre sols, il tombe dans une mélancolie noire. Nos Chantres imitent cette mere affligée : ils poussent mille cris dans les airs. Quelques-uns pour fortifier leur voix, l'étayent d'un instrument. Jamais nos Fanatiques Enthousiastes (*b*) ne poussérent vers le Ciel de si lugubres clameurs. Mais la voix de Blakmore domine sur toutes les autres. Les murs, les clochers, les airs retentissent de ses cris. Enchantés de ses accords, les freres du valet de Timon, oublient de paître dans les prairies de Totnam. Quel triomphe pour toi, célébre Blakmore! toute la rue de la Chancellerie retentit de tes accens. Ta voix se fortifie en passant de basse-cour en basse-cour; depuis les bords de la Tamise jusqu'au palais de Rufus (*c*), le quartier d'Hungerfort répete tes airs triomphants (*d*). Jamais on ne chanta

(*a*) George Helhtot riche Banquier de Londres. Les Médecins lui avoient ordonné le lait d'ânesse. Il a longtems refusé de s'y soumettre; parce qu'il n'osoit dépenser quatre sols par jour, quoiqu'il fut riche de plusieurs millions.

(*b*) Les Enthousiastes sont des Sectaires en Angleterre dont l'origine ne remonte pas plus haut que Charles I. Le Chapelain de Cromwel est leur fondateur. Ils s'assemblent dans un endroit retiré; chacun se tient d'abord en silence; & ceux qui se sentent inspirés débitent leurs prophéties.

(*c*) Rufus est un Banquier de Londres.

(*d*) Par ce combat de voix, M. Pope dépeint les ouvrages de Controverse, & le galimathias de la plupart des Poëtes.

ſur des tons plus élevés & plus ſoutenus. Tu fus déclaré vainqueur même par tes rivaux.

Cependant le Dieu du mauvais goût amene tout ſa Cour du côté de Bridouel (*a*), & c'étoit l'heure où l'on y finit la flagellation avec la priere du matin. C'eſt-là que l'on voit le foſſé de Flit dont les eaux bourbeuſes vont ſouiller la pureté de la Tamiſe. On l'appelle le Roi des digues. Ses eaux croupies reſſemblent aux flots du Stix & d l'Acheron. C'eſt ici mes enfans, dit alors le Dieu, c'eſt ici que je veux encore éprouver votre courage. Celui d'entre vous qui ſe plongera dans ces eaux de meilleure grace, qui ſçaura plus long-tems y demeurer enſeveli, je l'établis inſpecteur général des Journeaux hebdomadaires.

Cette image naturelle de l'obſcurité, de la baſſeſſe, & de l'obſcenité des mauvais Auteurs, encourage tous les favoris du mauvais goût. Le grand Dennis brillant d'une gravité majeſtueuſe comme autrefois Milon (*b*), jette des regards triomphants ſur ſes bras & ſur ſes mains. Faut-il, s'écrie-t-il avec tranſport, que je ſois maintenant ſexagenaire? Pourquoi grands Dieux avez vous ordonné que deux & deux fiſſent quatre? Il dit, eſcalade la proue d'une barque, & ſe plonge dans cet abîme. Tous les ſpectateurs applaudiſſent à la prudence de ce vieillard, qui s'enfonce d'autant plus bas, qu'il eſt tombé de plus haut.

(*a*) Bridouel eſt le Biſſêtre de Londres.

(*b*) Milon le Crotoniate étoit l'homme le plus vigoureux de ſon tems. Ovide lui fait verſer des larmes, quand dans ſa vieilleſſe il voit ſes bras ſans force & ſans vigueur. M. Pope imite cet endroit d'Ovide.

Smedley (*a*) le suit de près. L'eau qui s'entrouvre sous lui, se partage en cercles, & se referme soudain sur sa tête. Tous les regards attendent son retour; mais il reste enseveli dans l'abîme; & le rivage répete mille fois envain le nom de Smedley. Boukingham enflammé d'une vaine ambition essaye de remporter le prix. Il se lance dans les eaux : mais une force victorieuse le rejette vers la lumiere, & l'entraîne sans la moindre souillure parmi les Cygnes de la Tamise.

Concanen le Mélancolique rampe avec joye dans le fond des eaux; & si la perséverance est toujours couronnée, tu triompheras intrépide Blakmore. Les eaux dans le sein desquelles tu viens de t'ensevelir, jouissent au-dessus de ta tête d'un calme profond. Mais Ouelsted acquiert bien plus de gloire. Il se précipite tête baissée dans les eaux. (*b*) Conduit par la Déesse de la gravité, il se voit soudain investi par mille tourbillons. Jamais écrevisse ne pénétra plus adroitement dans les profondes retraites de ses marais. Il rapporte sur son visage toutes les horreurs de cet abîme, & demande le prix comme victorieux. Il alloit être couronné, quand Smedley que l'on croyoit perdu reparut soudain. On le reconnoît à peine. Vous diriez d'un spectre; ou de Pluton luimême, qui quitte l'empire des morts; & qui

(*a*) Smedley, Auteur Irlandois, a publié deux satyres l'une contre M. Pope, & l'autre contre M. Souift. La premiere est appellée Alexandriana, & la seconde Gulliveriana.

(*b*) En faisant plonger ainsi ces Poëtes, M. Pope veut dépeindre la bassesse & l'obscurité de leurs ouvrages.

fait son entrée dans le séjour de la lumiere. Il raconte au mauvais goût, comment à peine il est plongé dans les eaux que les Nayades de ce bourbier paroissent enchantées de ses attraits. La jeune Lutece , & la charmante Nigriac , me saisissent, dit-il, avec leurs mains de jay, & m'entraînent rapidement dans leurs abîmes. Comme autrefois les Nayades éprises de la beauté du tendre Hylas (*a*), l'enleverent dans leurs grotes humides. C'est-là que j'ai découvert les mysteres les plus secrets. Une branche du Stix qui traverse le fleuve Lethé, aussi bien que le fossé de Flit, va mêler secretement aux eaux de la Tamise les vapeurs de l'empire des songes. Comme le divin Alphée (*b*) traverse les profonds abîmes de la mer pour venir présenter à son amante Arethuse les palmes remportées aux jeux olympiques.

La plus grande partie de cette ville boit de ces eaux étrangeres. C'est ce qui multiplie les disciples du mauvais goût, & les gens en délire. Cependant ces nayades me prodiguoient les plus tendres caresses, & m'ont conduit dans le Temple de la folie, séjour ordinaire des Poëtes. A mon aspect tous les habitans de ce Temple se levent devant moi. Taylor (*c*) ce Cy-

(*a*) Les Poëtes racontent que le jeune Hylas devint la victime de sa beauté, il se promenoit sur le rivage de la mer; les Nayades éprises de ses attraits l'enleverent tout à coup, & l'entraînerent dans le sein des eaux.

(*b*) Le fleuve Alphée, auprès duquel on célébroit les jeux olympiques, étant épris d'amour pour Arethuse fontaine de Sicile, trouva le moyen de passer secretement sous les abîmes de la mer, & mêla ses eaux à celles de cette fontaine.

(*c*) Taylor a donné quatre cens différens ouvrages, tant

gne mélodieux de la Tamise étoit comme le Concierge de ce palais. Et Schadouel ressentoit encore les effets de cet opium dont il fit un si fréquent usage. Milboum député par ces demi-Dieux s'avance à ma rencontre. Il me déclare Pontif du mauvais goût, & met (*a*) l'Ephod sacré sur mes épaules. Recevez, me dit-il, ces ornemens dont je fus revêtu moi-même par les mains sacrées de ce Dieu.

La surprise d'un tel évenement étoit peinte sur tous les visages, & l'on applaudit de toutes parts au nouveau Moufti du mauvais goût. Chacun s'imaginoit voir le célébre Flamen (*b*). Parmi ces acclamations, précédé par son Pontif, le Dieu conduit sa brillante Cour vers la porte du Lud. Il somme encore une fois ses beaux esprits, & publie de nouveaux jeux. Ecoutez-moi, s'écrie-t-il, je veux éprouver si vos têtes ne cederont point à la pésanteur de mes ouvrages les plus chéris, & qui vous endormira plutôt, ou l'Orateur Henley (*c*) par

sous le régne de Jacques I. & de Charles I. que sous leurs successeurs.

Shadouel faisoit un fréquent usage de l'opium, il en prit tant un jour qu'il en mourut. Ses ouvrages sont entierement inconnus.

Milboum mauvais critique. Il a publié quelques ouvrages contre Dryden.

(*a*) L'Ephod est une espece de chappe, dont le Grand Prêtre des Juifs se servoit dans ses cérémonies.

(*b*) Le Flamen étoit le Pontif de Mars chez les Romains.

(*c*) Jean Henley, Prédicateur de Londres, s'est rendu fameux par la licence de ses discours. Il prêche deux fois la semaine, & chaque auditeur paye vingt-quatre sols. Pendant plusieurs années il a censuré impunément des personnes de la premiere qualité. L'Evêque de Londres l'avoit interdit, mais Henley a trouvé le moyen d'obtenir du Roi & du Parlement la permission de prêcher.

ses périodes, ou le Poëte Blakmore par ses vers. Voici donc quel est mon projet. Celui d'entre vous qui pourra vaincre les charmes de l'opium qui distille de ces ouvrages, & nouvel Ulisse affronter le chant des syrenes, ou nouvel argus se dérober aux appas du sommeil, je l'établis juge du bel esprit, & souverain arbitre du langage.

A ces mots trois Sophistes de (*a*) Cambridge, & trois Sectateurs d'Oxfort se présentent en qualité de lecteurs; ils sont également célébres par les trophées qu'ils ont remportés dans les combats de l'école. Ces Heros armés chacun d'un volume énorme se placent sur des siéges élevés, tandis que tout ce peuple de beaux esprits forme un cercle tout autour. Les Lecteurs se mettent d'abord à l'Unisson, & leur voix passant légerement d'un mot sur un autre mot, fait alte sur la pensée qu'elle rencontre. Comme les Pins baissent leur tête au doux souffle des Zéphirs, & la relevent quand ces vents reprennent haleine, de même ces auditeurs laissent tomber leur tête à chaque phrase qu'on leur envoye, & la redressent à chaque repos. Le sommeil les entraîne tantôt à droite, & tantôt à gauche à mesure que la Prose & les Vers font couler dans leur ame des flots de langueur & d'inaction.

Trois fois l'Orateur Budgel (*b*) commence

(*a*) Cambridge & Oxford sont les deux plus fameuses Universités d'Angleterre.

(*b*) Budgel étoit membre des Communes : il étoit toujours prêt à faire des harangues.

Toland & Tindel ont écrit en faveur de l'athéisme. Le premier a fait les Oracles de la raison, & le second les droits de l'Eglise chrétienne.

une harangue, & trois fois la parole expire sur ses levres, charmée par le puissant Arthur de Blakmore. Toland & Tindel, ces Athés si célébres, écoutent sans replique l'Orateur Henley, quand même il leur annonce que le Royaume de Dieu n'est pas de ce monde. Ceux qui sont le plus avancés s'endorment les premiers; les plus éloignés sont bientôt enchaînés par la même langueur. Comme les flots divisés forment sur la plaine liquide des cercles tremblans à mesure qu'ils se réunissent : de même cette foule de têtes forment différens cercles à mesure qu'elles sont appesanties. Déja la belle Centlivre sent expirer ses gasouillemens. Le vieux Jacques lui-même oublie pour quelques heures la trame perfide qu'il ourdit à ses sujets. (*a*) Boyer cesse de parler des affaires d'Etat, & Law ne se nourrit de ses chimeres qu'en songe. Pour la premiere fois on n'entend plus Motteux dire des sottises, & Nason murmurer contre ses maîtres. Norton (*b*) ce digne fils de Daniel & d'Ostrea héritier de la fatuité de son pere, & du babil de

Susanne Centlivre étoit Dame d'atour de la feuë Reine d'Angleterre. Elle a composé plusieurs piéces de Théatre avant l'âge de seize ans.

(*a*) Boyer étoit un zelé Jacobite, il publia un écrit violent contre la Cour. Son audace n'auroit point été impunie, mais M. le Duc d'Aumont alors Ambassadeur de France à la Cour d'Angleterre lui donna un asyle dans son Hôtel.

Law avant de venir en France s'étoit fait connoître au gouvernement d'Angleterre par les mémoires qu'il leur avoit présenté.

(*b*) Norton est un des Auteurs de la poste volante. Il a donné la vie du Colonel Charteris.

ſa mere ; Norton flechit pour la premiere fois ſa tête altiere. Les Lecteurs ſont enfin entraînés, & la folie elle-même repoſe dans les bras du ſommeil.

Le mauvais goût dégagé de ſa promeſſe par la défaite de tous les combattans, les abandonne & s'envole dans ſon Temple. La nuit trouve tous les diſciples de ſon fils enſevelis dans la plus profonde léthargie : elle favoriſe leur repos. Enfin les Muſes (*a*) nocturnes éveillent les uns, & les entraînent dans leurs retraites. D'autres ſe trouvent le lendemain dans la priſon de la porte (*b*) fermée, & le reſte fait tranquillement ſa retraite dans l'hôpital de Flit azyle ordinaire des Muſes.

(*a*) Les Muſes nocturnes ſont ici les femmes de debauche qui cherchent des avantures pendant la nuit.

(*b*) La Porte-fermée eſt une des priſons de Londres où l'on enferme les vagabonds.

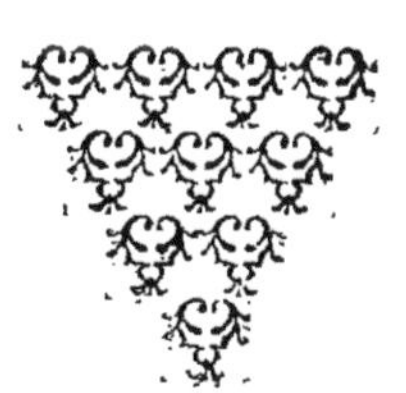

LIVRE TROISIÉME.

THEOBALD & le Mauvais goût s'étoient retirés dans le ſanctuaire le plus reculé du Temple. La tête ſacrée de ce Poëte étoit légerement appuyée ſur le ſein du Dieu même, & des nuages obſcurs déroboient ces myſteres à tous les mortels. Le Poëte ne tarde point à gouter ces extaſes que la ſeule raiſon n'éprouva jamais. Déja comme le Prophete de Bedlam, (*a*) il s'entretient avec les Dieux, il eſt Dieu lui-même. Heureuſe folie à laquelle doivent leur naiſſance, les chimeres de nos Grands, les extravagances de nos Financiers, les projets de nos Politiques, les charmantes rêveries des tendres Nimphes qui n'ont point encore fait leur entrée dans le Temple de l'amour, la pierre des Philoſophes, & l'immortalité des Poëtes.

Sur les aîles de la folie, Théobald s'envole dans les champs Eliſées. Là dans une profonde vallée, le fleuve Lethé retient ſes flots endormis, tandis que le célébre Bavius (*b*) plonge les ames des Poëtes dans cette onde paci-

(*a*) Bethlam eſt à Londres ce que les Petites-Maiſons ſont à Paris.

(*b*) Bavius Poëte Latin, dont Virgile fait mention. M. Pope lui donne cet emploi, parce que c'eſt le mauvais Poëte le plus ancien de notre connoiſſance.

fique. Ce baptême myſtérieux donne à ces ames une trempe toute divine : Tant ces eaux éteignent la raiſon & fortifient l'extravagance. A peine les ames ont-elles été plongées dans ce fleuve, qu'elles s'envolent ſoudain vers cet endroit ou Braoun (a) & Mears gardent les portes de la lumiere. Elles demandent de nouveaux corps, & les deux ſentinelles les renferment dans du maroquin. Les étoiles que le puiſſant Jupiter a ſemées d'un ſeul coup de main ſur la voute de l'Univers ; les pleurs que l'Amante de Cephale verſe dans le ſein alteré de Cérès, & de Pomone, les abeilles qui voltigent dans les jardins de Flore, les outrages qui fondoient ſur (b) Ward quand il étoit au Pillory ; tout cela ne peut égaler en nombre ces ames inſenſées qui voltigent ſur ces rivages.

Théobald enchanté de ce merveilleux ſpectacle, demeuroit immobile. Un Heros (c) fameux par ſes épaules & par ſes oreilles reconnoît ſon fils, & vient à ſa rencontre. Il porte encore cet habit antique dont Setle ſe para dans Londres quatorze années entiéres. Sa phyſionomie eſt parfaitement d'accord avec ſa parure. Antique dans ſa nouveauté, différent quoique toujours le même : débonnaire & familier comme il étoit pendant ſa vie, il embraſſe ſon fils avec tranſport. Fameux Heros, s'écrie-t-il, quel guide t'a conduit encore vi-

(a) Braoun & Mears ſont deux fameux Relieurs de Londres.

(b) Jean Ward, Membre des Communes, fut convaincu de faux, chaſſé du Parlement, & condamné au Pillory.

(c) C'eſt le Poëte Setle.

vant dans l'empire de la mort ? Contemple d'abord les merveilles du fleuve d'oubli, ton ame eſt mille fois deſcendue ſur ces rivages, avant de ſe réunir à toi. Bavius l'a toujours plongée dans ce fleuve avec des tranſports de joye. Helas! qui pourroit te raconter les événemens de ta métempſicoſe? Il n'eſt point de Béotie (*a*) ſur la terre, que ton ame n'ait ſouvent habitée. La Hollande & la Suiſſe ont preſque toujours été le théatre de tes exploits. Elle a ſucceſſivement extravagué dans le corps de mille Druides, & toujours elle a vû le lierre ſerpenter parmi ſes lauriers. Enfin après l'avoir endurcie bien des ſiecles dans des corps de Derviches, le deſtin en a formé dans toi le plus fameux héros de l'Angleterre. Quelle ſera donc ta gloire ô Théobald! Comme tout le ſang qui coule dans les vaines ſe raſſemble dans le cœur, & preſſé par les forces de l'air ſe partage enſuite dans toutes les parties du corps; de meme les ſottiſes anciennes & nouvelles ſe réuniront dans toi ſeul, & partiront de ce centre, comme autant de torrens impétueux pour inonder ta Patrie.

En faveur du mauvais goût qui vient de te placer à ſa droite, le deſtin va dévoiler à tes regards ſes myſteres les plus cachés. Cette rouë fatale qui porte les deſtinées des Dieux & des mortels, & dont le circuit embraſſe le Ciel & la terre, cette rouë va rétrograder de ſiécles. Ainſi tous les trophées qui ſignalerent autrefois le mauvais goût paſſeront devant tes

(*a*) Par Béotie on entend tous les pays dont les habitans ſont ſtupides & groſſiers.

yeux ; tu verras ensuite les merveilles qui doivent signaler ton regne.

A ces mots l'ombre de Setle enleve Théobald sur le haut d'une montagne qui se perd dans les nues. Là leurs regards découvrent tout l'empire de l'ignorance qui n'a d'autres limites que celles de la terre & de la mer. Depuis l'extrémité des Poles où les étoiles brillent d'un si grand éclat , jusqu'à ces climats brûlés par les ardeurs du Soleil , le mauvais goût verse ses influences sur toutes les nations, & son voile d'obscurité s'étend de l'un à l'autre bout.

Jettez vos regards , dit Setle à Théobald , jettez vos regards du côté de l'Orient où le Soleil & les Sciences apparurent pour la premiere fois aux foibles mortels. Cet empire dont l'origine se perd dans l'abîme des siecles , avoit fait mille découvertes dans les arts , & produit une foule d'écrits lumineux. Voyez Choamti (*a*) la flamme à la main détruire les Sçavans de son empire avec leurs ouvrages . & préferer à l'avantage des sciences, la foible gloire d'opposer une barriere à la valeur inquiete des Tartares, en faisant bâtir la grande muraille. Grands Dieux quelle montagne d'écrits ! Les travaux de mille siecles, un seul instant les détruit , & le sçavoir de tant de beaux génies s'évanouit dans les airs sur une seule étincelle de flamme.

Tournez maintenant vos yeux du côté du

(*a*) Choamti Empereur de la Chine détruisit les Livres & les Sçavans de son empire. Ce fut lui qui fit bâtir une muraille de quatre cens lieux pour arrêter les incursious des Tartares.

Midi. Ce Conquérant de l'Egypte qui fait marcher devant lui, sur les rives fumantes du Nil, la mort & l'épouvante, c'est le calyphe Omar (*a*), & ces tourbillons de fumée qui s'élevent du côté de la mer, c'est la Bibliotheque des Ptolomées réduites en cendres par la fureur de ce Conquérant. Voilà maintenant quelques siecles où l'empire du sçavoir jouit de quelque repos.

Mais à peine la lumiere a commencé de dissiper l'aveuglement des nations, que les ténébres de l'ignorance rentrent dans leurs anciens droits. Cette Déesse aveugle & d'une taille énorme, c'est l'ignorance elle-même qui fait sortir des climats hyperborés un déluge de vandales. Considerés ces régions où Méotis tient ses flots enchaînés par les liens d'un doux repos, tandis que son frere Tanaïs roule avec peine ses ondes à demi glacées à travers des montagnes de neige. C'est de là que le Nord

(*a*) Omar ayant conquit l'Egypte, fit brûler la Bibliotheque des Ptolomées que l'on disoit renfermer trois cens mille volumes. M. Pope ne parle point ici de la Bibliotheque de Constantinople. Il en ignoroit sans doute la destinée. Il est certain que ce grand morceau subsistoit encore quand Mahomet II. fit la conquête de Constantinople. Les Turcs se soucioient fort peu de Litterature, ils abandonnerent sans peine cette Bibliotheque à tous ces Sçavans qui vinrent s'établir en Europe. Malgré ces faits attestés par quelques Historiens, on soupçonnoit en France que cette Bibliotheque ne subsistât encore dans le Serrail du Grand Seigneur. M. l'Abbé Sevin & M. Fourmont ont fait à ce sujet un voyage à Constantinople par ordre du Roi. Ils se sont convaincus qu'il n'y a dans le Serrail que trois à quatre cens volumes : ce sont les livres de Priéres dont se servoient les anciens Empereurs de Constantinople.

vomit une foule de peuples barbares. Les Gots, les Alains, les Huns. Ces Héros qui se suivent de près; c'est le fier Alaric, l'intraitable Genserie, & le redoutable Attila.

Voyez d'un côté cette grêle d'Ostrogots qui fondent sur l'Italie, & de l'autre les cruels Visigots inonder l'Espagne & les Gaules. Detournez ensuite vos regards sur ces lieux où les pleurs de l'Aurore font naître les plus doux parfums, & qui furent le berceau des Sciences & des Arts. Ce Général qui se fait adorer par une foule insensée de Guerriers, c'est le Prophéte (*a*) de la Mecque. Tout son passage est couvert des autels qu'il consacre à l'ignorance, & sa cruelle politique établit sur des fondemens inébranlables l'empire de cette Déesse. Voyez maintenant dans l'Europe, les Juifs, & leurs enfans toujours follement ennemis de leurs peres; immoler la raison aux préjugés les plus vulgaires, & tout l'Occident enfin se faire une loi de son aveuglement.

Cette (*b*) Capitale de l'Univers qui ne lancoit jadis ses foudres que contre les Têtes criminelles des Roys, ne tonne maintenant que contre les Dieux des Payens. Là, souvent les vieillards de l'Apocalypse condamnent ce qu'ils n'entendent pas; par l'ordre d'un de ces (*c*) ca-

(*a*) Mahomet a fait de l'ignorance une loi de Religion.

(*b*) Cette Capitale c'est Rome.

(*c*) Gregoire IX. fit brûler la Bibliotheque d'Appollon; il vouloit par-là forcer les chrétiens à ne lire que des livres de Religion. Il déclara sur tout la guerre à Tite-Live dont il fit rechercher les exemplaires afin de les brûler. Il fit encore démolir presque tous les monumens de l'ancienne Rome, parce que les étrangers, disoit-

lyphes à triple couronne : La Bibliotheque d'Apollon devient la proye des flammes ; entendez les gémissements de Padoue, sur la perte de son Tite Live : Tribunal imprudent ! le celebre (c) Bacon qui dans le siécle le plus aveugle sçut renfermer les cieux dans un cercle décrit de sa main, & fixer le cours des astres : ce demi Dieu paroît un Magicien aux yeux de ses juges aveugles ; on le condamne à perdre la vie dans les flammes, parcequ'il a prédit des éclipses. Vigile n'assûre pas impunément qu'il y a des antipodes : la mort la plus cruelle devient son

il, faisoient plus d'attention à ces restes du Paganisme, qu'aux tombeaux des Apôtres.

(c) Roger Bacon vivoit dans le treisiéme siécle, sous le regne de Henri II. il fut professeur de phisique dans l'Université d'Oxfort. Il étoit si habile, qu'il fut regardé comme un Magicien : il resta long-temps au Château Saint Ange, & son habileté fut punie de mort. Pour fléchir le courroux du Saint Pere, il avoit composé un traité de l'or potable, dans lequel il soutenoit que ce breuvage pouvoit faire vivre audelà de mille ans ; le Pape dans l'espérance de profiter de ce secret, lui laissa finir cet ouvrage. Il ne nous reste de cét Auteur, que son traité de la Chimie. Les sçavans le regardent encore comme ce qui a de paru de meilleur en ce genre : c'est en le lisant que j'ai découvert une anecdocte très-curieuse. Bacon enseigne dans un endroit, la maniere d'imiter la foudre ; & sous des termes envelopés, il décrit exactement la poudre à canon : ainsi ce Religieux contre l'opinion des sçavans, doit être regardé comme l'inventeur de la poudre en Europe. Les Anglois même en connoissoient l'usage, tandis que c'étoit un secret pour leurs voisins. A la bataille d'Azincourt, ils avoient six piéces de canon de fer, que l'on voit encore à la tour de Londres. Meserai qui ne parle que d'après les historiens François, rapporte qu'à la bataille d'Azincourt, les Anglois avoient des machines de fer qui vômissoient des flammes & qui fesoient un grand carnage.

ſuplice. Mais quelle fureur biſarre le couvre de pouſſiere ; à travers les ruines fumantes de ce cirque célébre, & de ce Temple que l'on diroit avoir été bâti par les Dieux mêmes? Des lâches mortels foulent aux pieds les Statues vénérables des Scipions & des Emiles, & le Tibre eſt arrété dans ſa courſe, par la foule infinie des Dieux que l'on précipite dans ſes abîmes. Si le caprice conſerve quelques reſtes de ces monuments célébres, ce n'eſt que pour les conſacrer au Dieu du mauvais goût. Jupiter eſt déſarmé de ſes foudres; il ne tient maintenant que deux clefs dans ſa main. Le Dieu Pan à cauſe de ſes cornes, eſt transformé en Moïſe. Venus eſt changé en Vierge. Ainſi les ouvrages de Phidias & d'Apelles ſont entiérement défigurés.

Contemplez maintenant cette preſqu'iſle, (*a*) où la pieté conduit mille Pélerins. Ses habitans ſont maſqués ſous mille couleurs différentes: le noir & le blanc; le rouge & le verd; les uns ſans barbe, & les autres avec de la barbe; ceux-ci chauſſés, & ceux-là ſans chauſſure; les uns parlent toujours & les autres ne parlent jamais. Telle étoit autrefois l'Angleterre trop heureuſe, ſi le plus voluptueux de nos (*b*) Henris, & le plus fourbe, comme le plus habile

(*a*) Cette preſqu'iſle, c'eſt l'Angleterre.

(*b*) Henry VIII. a réformé l'Egliſe d'Angleterre: le caractere de ce Prince eſt renfermé dans un ſeul trait que les hiſtoriens François ont ignoré; tandis que Luther écrivoit contre l'Egliſe Romaine, Henry VIII. écrivoit pour la deffendre; mais tandis que ce Prince déclamoit avec plus de force contre Luther; il l'exhortoit ſous-main à continuer, & le félicitoit de ſes avantages. *Lutheri Litt. Lib. 1.*

de

(a) de nos conquerants, n'avoient pas terni l'éclat & la gloire de cette Isle infortunée. Révolution funeste! Dans ces moments, ô Dieu du mauvais goût, tu detournas tes regards de l'Angleterre; je t'en suplie, écarte désormais de pareilles disgraces de dessus nos têtes: & ne cesse jamais de verser sur l'Angleterre tes influences les plus propices.

Maintenant, ô Theobald, voici les merveilles qui doivent signaler ton régne. L'empire du mauvais goût est enfin rétabli dans Londres, cette ville favorite; que de combats n'a-t-il pas fallu livrer pour en affermir les fondements? Combien d'achilles dans le champ de bataille! Sois attentif à ce spectacle, à mesure que la roüe du destin va le developper à tes regards. Comme la Déesse Cibele, assise sur le trône des airs, triomphe en voyant cent de ses enfans s'empresser à lui rendre hommage, & que chacun de ses adorateurs est un Dieu; de même le mauvais goût voit mille de ses favoris prosternés devant ses autels; & que chacun de ses clients est un sot. Observe d'abord ce jeune (b) Héros, qui prend la premiere place, l'impertinence & la fatuité ne sont elles pas bien dépeintes sur son front? Héritier des vertus de son pere, & nouveau Cibber, il brillera sur nos Théâtres. Cet autre que vous voyez assis à sa droite, il est aisé de le reconnoître à l'embarras de ses manie-

(a) Cronvel étoit regardé comme un Saint en Angleterre, il préchoit quelquefois les journées entieres la pénitence à ses soldats; & passoit presque toutes les nuits avec la femme du général Lambert.

(b) C'est le Directeur d'un des Théâtres de Londres.

res ; vous diriez d'une tendre Nimphe, à laquelle on ravit un baiser pour la premiere fois. Oüi, grand Oüard, si tes bachiques orgies n'éteignent le feu de ton génie, tu seras un autre Durfey : tous les caffés de Londres donneront des larmes à ta mort. Ces deux Muses décoltées qui voltigent autour de ce Héros, méditent quelque chanson. Echevelées comme des baccantes, elles se plongent dans les eaux pures de Castalie. Belle (*a*) Centlivre, charmante Elise, vous serez à jamais la gloire de votre sexe. Voyez ensuite le visage funébre de Roome, contraster avec la face parasite d'Hosnek. Les sourires malins de Gildon ne vous paroissent-ils pas dans la décence ; il a plus d'esprit qu'il n'en faut pour être sot, mais il n'en à point assez pour être fat. Voyez ensuite le grand (*b*) Jacob, ce foudre des Grammairiens, & ce Tonnerre de la chicanne. Ô Bond, & vous ô Foxton, pourquoi faut-il que vous ne puissiez fléchir la renommée en votre faveur ? Tous deux sçavans maîtres d'Escrimes dans les glorieux combâts de l'esprit ; quand vous enchaînés la pensée par les entraves de la Rime, les Muses dans vos bras poussent des hurlements si pitoyables, que l'on s'imagine entendre un patient sur le chevalet, ou voir un diable qui viole des Anges : Mais quand vos Muses libres, de contrainte s'afran-

(*a*) Madame Centlivre, Dame d'atours de la Reine. Roome a travaillé pendant quelque temps au pasquin. Hosnek a fait un ouvrage critique intitulé, le Docteur Allemand.

(*b*) Giles Jacob a fait la vie des Doctes Anglois. Bond & Foxton, deux Auteurs satiriques.

chiffent de la Rime & de la raifon : c'eft alors qu'elles mettent Prifcien (a) en fuite, & qu'elles précipitent Pegafe dans mille abîmes ; tels font les Pindares & les Miltons de ce fiécle. Mais vous, ô hyboux, tandis que (b) Ralph effraye la nuit par fes cris lugubres, il n'appartient qu'à vous de répondre à fes accents. Pour toi, célebre (c) Durgen, ceffe de t'affliger : la raifon & la bienféance font prefque entierement bannies de ces lieux ; tes ouvrages trouveront bien-tôt des lecteurs ; fameux Ouelfted, ne ceffe jamais d'écrire ; tes vers ont les qualitez de ce nectar, qui te fert d'Apollon. Il eft ancien fans être parvenu à fa maturité ; il eft tranquille fans être clair ; il entête fans avoir de la force ; il boüillonne fans être agîté.... Ah Dennis ! ah Gildon ! quelle fureur brife les nœuds de cette amitié, que le temps avoit ferrés fi étroitement ? La guerre des fots contre les gens d'efprit, n'a rien que de naturel ; mais les fots combattre contre les fots, c'eft une guerre civile & domeftique. Embraffez-vous mes enfans, embraffez-vous ; rétabliffez les nœuds de votre ancienne union ; vos combats font un triomphe pour nos ennemis.

Voyez maintenant ces deux (d) milords qui s'embraffent de fi bonne amitié, c'eft le Co-

(a) Prifcien fameux critique de l'antiquité ; quand on lui faifoit la lecture de quelque ouvrage, il s'enfuyoit à la premiere faute qu'il découvroit.

(b) Ralph a fait le Poëme de la nuit.

(c) Durgen eft un mauvais poëte Burlefque.

(d) Le Colonel Duket, & le Lord Burnet, fils de l'Evêque de Salisbury, fi celebre par fon hiftoire d'Angleterre.

lonel Duket, & le fils de l'Evêque de Salisbury. Le sçavoir, l'esprit & la politesse brillent dans l'un autant que dans l'autre, le premier est connu par sa candeur, & le second par sa passion pour les jeunes gens. Le Pasquin est l'ouvrage de celui-ci & le Greumbler est l'ouvrage de celui-là. Mais quel est ce visage parasite qui s'avance dans un tourbillon de poussiere sçavante ? C'est sans doute le grand (*a*) Wormius ; il dévore sans cesse de vieux parchemins, & lit trop d'anciennes sottises pour que les siennes soient jamais lûes.

A travers ces nuages ne découvrez-vous pas un bataillon de scholiastes & des commentateurs. Comme des hyboux, ils se plaisent dans les tenebres ; leurs têtes sont courbées sous le poids des sçavantes fadaises dont elles sont remplies. Maintenant appercevez-vous ce trone sublime où l'habileté de nos Peintres a représenté la théologie, (*b*) tenant une pipe dans sa bouche : cette face colorée en bronse d'où découle un torrent de sottises, c'est l'orateur Henley. Quels flots d'auditeurs recueillent ses oracles ? Tandis que les harangues de nos Ministres les plus sensés, se perdent vainement dans les airs. Prince du Théâtre & de l'Eloquence ; le Bourdaloue & le Thomassin de ce siécle, ah ! qu'il feroit beau te voir pontife dans ces climats, où l'on adore des singes ! Mais la destinée te réservoit pour la gloire

(*a*) Wormius est un nom supposé. Monsieur Pope veut désigner M. Thomas Herne, sçavant antiquaire Anglois.

(*b*) Monsieur Pope attaque ici un Peintre Anglois, qui a représenté le Sauveur, se jouant dans les bras de la Sainte Vierge, & tenant une pipe à la bouche.

de Londres. (*a*) Wolſton, Toland & Tindel ne pouvoient êtres ſéparés de toi. Vous donc, ô fameux Athées, ſoyez attentifs à mes paroles. Les Bacons, les Lockes, les Newtons, & tous les grands génies peuvent être impunément l'objet de vos railleries les plus ameres. Mais reſpectez cette flamme immortelle, dont les grands génies ne ſont qu'une étincelle; cette ſource intariſſable d'où découlent les talents & les vertus. Inſultez ſi vous le voulez au plus grands hommes; mais apprenez que l'on ne ſe joüe pas impunément des Dieux.

Si dans ces dernieres paroles, Setle eſt d'accord pour la premiere fois avec la raiſon, c'eſt que par hazard un rayon de lumiere avoit percé le cahos dont ſon ame eſt enveloppée. Le voile retombe ſoudain. Avec quelle complaiſance, ajoute Setle, le Dieu du mauvais goût contemple ſes favoris? Mais voici de nouveaux prodiges dont vous allez être témoin; ils ne ſont l'ouvrage, ni de la nature ni de l'art. Théobald redouble ſon attention. Soudain un ſilphe (*b*) auſſi noir que le Roi des ombres frappe ſes regards. Ce Phantôme ailé prend un volume dans ſes mains. A ce ſignal

(*a*) Wolſton eſt un impie célebre qui a écrit contre les miracles de Jeſus-Chriſt. En parlant du paſſage de la Mer Rouge par les Juifs, il aſſure que les Juifs fort mauvais Phiſiciens, prirent pour un prodige le flux & le reflux de cette mer. Son obſervation ſéduiroit peut-être les eſprits foibles, ſi elle n'étoit démentie par tous les voyageurs, ils aſſurent qu'il n'y a point de flux dans cette mer.

(*b*) C'eſt le directeur de l'Opera de Londres. Monſieur Pope cenſure enſuite un ſpectacle biſarre que Theobald a fait repréſenter à Londres.

les gorgones & les dragons pouſſent d'horribles ſiflemens. Les enfans de la terre s'efforcent d'eſcalader le Ciel à la faveur de dix chaînes jointes enſemble. L'enfer s'éleve, le Ciel s'abbaiſſe. Tout eſt dans l'agitation. Des Dieux, des diables, de la rage, de la Muſique, un feſtin, une bataille, un bal; de ce cahos le mauvais goût crée un nouveau monde, de nouveaux Cieux, de nouvelles Planettes; & pour terminer un ouvrage ſi merveilleux, d'un œuf énorme il fait éclore le genre humain.

Ce ſpectacle fait couler des torrens de joye dans le cœur de Théobald. Quelle puiſſance, s'écrie-t-il, peut opérer de ſi grandes merveilles! Ce Créateur que vous cherchez, lui répond Setle, c'eſt vous même ô Héros. Votre ſeule imagination enfanta ces miracles.

Mais voyés ce jeune Sylphe (*a*) dont les habits ſont ornés de flammes d'or. Nouveau Salmoné il imite le tonnerre. Cet Ange du mauvais goût remplit d'un enthouſiaſme magique ceux qui l'environnent. D'un ſeul mouvement de ſes ſourcils il ébranle le Ciel & la terre, oui immortel Rich, aſſis tranquillement, vous faites partir d'un ſeul mot les orages & les tempêtes.

Combien d'autres Heros apparoiſſent dans les airs? Cibber eſt à droite, & (*b*) Booth à gauche. Cibber conduit les vents montés ſur des dragons aîlés; & Booth jette un éclat lumineux à travers le Tabernacle qui le ren-

(*a*) C'eſt le directeur des Machines de l'Opera.

(*b*) Booth eſt directeur du Théatre de Drurylain, & Cibber directeur du Théatre de Lincoln.

ferme. C'eſt d'un côté le théatre de Linçoln, & de l'autre celui de Drury. Conſacrez l'un & l'autre au mauvais goût, ils remportent la même gloire & les mêmes avantages. Ces nouvelles merveilles les reconnoiſſez-vous ? Elles vous appartiennent encore. Oui comme l'a dit ce Journal immortel; perſonne ne marche de pair avec vous que vous même.

Je ne puis le déſavouer; je portai jadis un diadême, mais qu'il étoit bien moins éclatant que le votre ! A peine eus-je fabriqué des vers dignes d'être écrits ſur la porte du (*a*) Lud, ou ſur la cloche énorme de Bom, nos Milords ſe hâterent de me courronner de l'aurier, & les Heros de Londres reçurent de moi ſeul l'immortalité.

Les deux partis des Wigs & des Toris diviſoient alors toute l'Angleterre. Le parti que j'embraſſai ne tarda point à triompher. J'écrivis en ſa faveur des feuilles Hebdomadaires. J'inventai la cérémonie où l'on brûle les Papes. Tandis que ces deux partis ſe combattoient avec fureur, le mauvais goût étoit également propice à tous. Les uns & les autres tordoient la même corde, mais par deux bouts différens. Enfin Ridpath & Miſt étoient également chéris du mauvais goût. Mais ô tems d'injuſtice & d'iniquité ! Les chefs-d'œuvres des Poëtes n'étoient alors récompenſés que par les mé-

(*a*) La Porte du Lud, ainſi appellée, parce que le Roi Lud faiſoit ſa dêmeure dans ce quartier. En 1260 cette porte fut ornée de la ſtatue du Roi Lud, & de celle de pluſieurs de ſes ſucceſſeurs; pendant le regne d'Edouard VI. les rebelles couperent la tête aux ſtatues de tous ces Rois. La Reine Marie y fit remettre de nouvelles têtes.

pris de nos Milords. La ſeule populace daignoit quelquefois les applaudir. Que votre fortune eſt différente ! Vous avez aſſervi toute l'Angleterre. Vos dragons ſont les délices de nos Magiſtrats & de nos Pairs. La Cour & la ville ne peuvent ſe raſſaſſier de vos ſpectacles. Quand vous ne pouvez fléchir le Ciel, vous trouvez l'enfer favorable. (*a*) Fauſtus paroît ſur la ſcene avec l'ami véritable ; le Roi du Tartare avec Caton ; & la nouvelle mariée avec Proſerpine. O Grabſtrit ! Les hommes & les Dieux euſſent-ils conjuré ta ruine, ton Théatre ſe ſoutiendra dans tout ſon éclat. Un nouvel Eſchyle vient d'apparoître. Jeunes Miledis préparez-vous à de nouveaux (*b*) avortemens. Vous reſſemblerez à Semelé quand des tourbillons de flamme pénétrerent juſqu'à ſa divine couche.

Bavius contemploit ces merveilles à côté de Théobald. Soudain emporté par ſon enthouſiaſme ; ô vous célébres Heros de l'Angleterre, s'écrie-t-il, flechiſſez les genoux devant votre Roi. Théobald eſt ce demi Dieu prédit par vos anciennes ſybilles. C'eſt cet Auguſte qui doit faire revivre dans ces climats le ſiecle de Saturne. Pendant ſon regne Euſden ſera courronné de laurier, Cibber ſera Chancelier

(*a*) Ce ſont de mauvaiſes pieces de Théobald que l'on aſſocie aux meilleures Comédies & Tragédies pour les rendre ſupportables.

(*b*) Théobald, faiſant repréſenter ſon Opéra de Proſerpine voulut imiter l'enfer. Le feu pris au Théatre, & le tumulte fut ſi grand qu'il y eut bien des perſonnes étouffées.

des Théatres; (*a*) Beonſon Grand Maître de l'Architecture, & Namby Pamby remportera le prix du génie. L'on verra les murs de Dormitong, tomber en ruine. Wren avoit à peine de quoi ſe faire jetter dans un cercueil. On verra les chefs-d'œuvres de Jones & de Boyles s'écrouler de toutes parts, & le célébre Gay mourir ſans récompenſe. C'eſt envain ô Souift que ta Patrie formera les Capitaines, & les Politiques les plus habiles. Un Pilote (*b*) téméraire conduira nos plus belles Flottes devant Carthagêne pour y faire honteuſement naufrage, & le premier Langely de l'Angleterre entraînera nos légions en Germanie pour y ternir leur ancienne gloire.

Après de tels trophées quand on verra la raiſon rétablir ſon empire dans Londres, les François n'auront plus de courage, la Tamiſe remontera vers ſa ſource, & nos Miledis aimeront leurs époux.

En effet, voyez le mauvais goût s'avancer avec une obſcure majeſté. Son char eſt précédé par le Cahos & par la nuit. La lumiere s'enfuit à ſon approche. Tous ces grands génies dont l'Angleterre étoit éclairé ſeront bientôt éteints par ſes charmes victorieux. Comme

(*a*) Beonſon étoit premier Architecte du Roi & du Parlement. Il étoit ignorant dans ſon Art.

Les murs de Dormitong, c'eſt un logement ſuperbe du cloître de Weſtminſter.

Wren, eſt ce fameux Architecte qui a fait bâtir S. Paul de Londres. Sa femme lui ſuccéda dans la charge de directeur des Bâtimens du Royaume.

Jones & Boyles ont fait bâtir la Banque, & l'Hôtel de Sommerſet.

[*b*] Wernon & Stair.

autrefois Hermés trouva le ſecret de fermer tous les yeux d'argus, de même le mauvais goût éclipſe tous les aſtres de ces climats. A ſon aſpect les Arts & les Sciences cédent leur place à la barbarie. La vérité ſe voit précipité dans un puit inacceſſible. La Religion languit dans les fers. La Philoſophie qui commençoit à s'élever juſqu'au Ciel, ſe renferme encore une fois dans ſes qualités occultes. La Phiſique retourne dans les bras du célébre (a) Stagyriſte. La Métaphiſique appelle les ſens à ſon ſecours, & les Myſteres trouvent un aſyle dans le ſein des Mathématiques. Envain la raiſon fait un dernier effort. Son trône chancelant, eſt enfin renverſé. Ta main ô puiſſant Dieu du mauvais goût laiſſe enfin tomber le voile, & toute l'Angleterre eſt envcloppée dans les ténébres. C'en eſt aſſez, c'en eſt aſſez, s'écrie le roi Théobald, & la viſion s'enfuit à travers la porte d'ivoire.

(a) Ariſtote étoit de la ville de Stagyre,

FIN.

www.ingramcontent.com/pod-product-compliance
Ingram Content Group UK Ltd.
Pitfield, Milton Keynes, MK11 3LW, UK
UKHW022135260726
13993UKWH00003B/1454